Manuela Oetinger

# Die Seele

Deine ewige Heimat

Manuela Oetinger

# Die Seele

## Deine ewige Heimat

Tiefe Einsichten in
die Geheimnisse der Seelenwelt

Aquamarin Verlag

Deutsche Originalausgabe
1. Auflage 2019

Voglherd 1 • D-85567 Grafing

Umschlaggestaltung: Annette Wagner

Druck: CPI • Birkach

ISBN 978-3-89427-852-6

# Inhalt

# Vorwort

Wir leben in einer Zeit der Umbrüche und Veränderungen. Der Mensch steht vor großen Entscheidungen. Veraltete Lebensumstände erfordern neues Denken. Auch in einer Welt, die auf Profit und Manipulation aufgebaut wurde, kann jeder Mensch den Weg eines liebevollen Miteinanders wählen. Er kann seine Tugenden entfalten und sein Leben auf die höheren Werte ausrichten. Manche Lieblosigkeit im Äußeren mag uns erschüttern, doch können wir stets aus eigener Entscheidung den Weg der Liebe wählen.

Viele Menschen wünschen sich ein respektvolles und ehrliches Miteinander. Ein gemeinsames Leben, in dem man sich wohlfühlen kann und die Menschheit sich gegenseitig trägt und inspiriert. Die Erkenntnis, dass die Arbeit an sich selbst die Basis der Veränderung darstellt, wird immer deutlicher. Das Verständnis der „Prüfungen" des täglichen Lebens und das liebevolle Annehmen und Hindurchschreiten wird als Grundlage des Weges erkannt und akzeptiert.

Wir können nur bei uns selbst beginnen, aus dem eigenen Inneren den großen Start der Veränderungen einzuläuten und mutig und aufrichtig den Erkenntnisweg voranzuschreiten. Dazu bedarf es der Wahrnehmung der Ego-Prägungen sowie dessen Altlasten. In gleichem Maße wird die Liebe als vollkommenes Element unseres Seins begriffen. Das Ego darf sich wieder an die höheren Werte und Tugenden anpassen und sollte seinen eigenwilligen Weg verlassen. Das Ego ist ein wichtiger Aspekt unseres Seins, denn es dient der Erkenntnis und der Festigung aller Seelenstrukturen. Nur abgespaltene Seelenanteile, die den Weg des Eigenwillens beschritten haben, werden als Ego bezeichnet. Sobald die Tiefe des Falles oder das Erkennen der niederen Strukturen begriffen wurde, gleicht sich das Ego wieder den Werten der Seele an.

Wir sind inzwischen in der Lage, ein gemeinsames starkes Feld aufzubauen, über welches die höheren Kräfte wirksam werden. Es ist ein Miteinander möglich, wie wir es uns kaum vorzustellen wagen; trotz aller Hindernisse und negativer Tendenzen und obwohl das Ego so vieler Menschen ausschließlich seiner Befriedigung hinterherrennt.

**Wir befinden uns gemeinsam auf dem Weg in eine liebevolle Zukunft.**

Eine Zukunft, in der wir uns gegenseitig unterstützen und kräftigen und nicht nach gemachten Fehlern oder dem Aufwallen alter Emotionen urteilen. Wir fangen den anderen liebevoll auf und unterstützen ihn. Die Zahl der Menschen, die sich für dieses Miteinander entschieden haben, wird immer größer. Immer mehr Menschen erwachen und arbeiten an ihren eigenen „Resten“.

Dieses Buch möchte einige Tücken des Egos aufzeigen, um die eigene Entfaltung bis in die tiefsten Ebenen bewusster erleben zu können; mit Respekt und Achtung für die Menschen, die sich nicht scheuen, der Wahrheit ins Auge zu sehen. Es erfordert mutiges Annehmen und mitunter anstrengende Aufarbeitung für die Befreiung und Erhöhung der Seele. Der Weg und das Ziel bedeutet die Rückkehr zur vollkommenen Liebe, getragen von der Geistigen Welt. Das harmonische Zusammenwirken mit den Kräften der Seele ist ein Schlüsselelement, welches uns führt, kräftigt und in allen Situationen zur Seite steht. Das Erfühlen der Liebe ist die wertvollste Basis. Jegliche Wandlung und Erkenntnis in unserem Leben kann mit dem Strom der Liebe, als Kraftquell und Führung, erreicht werden. Nur in Harmonie mit den Schöpferkräften können wir sicher sein, dass unser Tun und Fühlen weder dem eigenen Ego noch den Mächtigen dient, sondern stets dem Wohle aller.

Mit dem Inhalt dieses Buches möchten wir die Menschen erreichen, deren Fühlen und Suchen bereits von den höheren Wahrheiten berührt wurde. Das tiefe Empfinden eines positiven Miteinanders wurde zur inneren Erkenntnis. Seit Kurzem wurden hierfür Energieebenen eröffnet, welche es erlauben, in diesem Bewusstsein noch enger zueinander zu rücken. In dieser Schwingung können wir die Weisungen unseres höheren Selbst immer mehr erfühlen. In Harmonie mit den Schöpferkräften erfahren wir die Wahrheit und können die Hintergründe beleuchten. Wir können die Nähe jener liebevollen Menschen empfinden, welche sich ebenfalls für die Weisungen der Liebe entschieden haben. Auf diesem Weg schwindet das Gefühl von Isolation immer mehr.

Noch scheinen manche äußere Belange auf das Gegenteil gerichtet. Selbst bei alten Freunden fühlt man sich plötzlich deplatziert. Ihre Denkweise bleibt unverändert oder kippt sogar in die Negativität. Man fühlt sich allein und würde sich am liebsten nur noch zurückziehen. Auch manche Familienmitglieder scheinen ihre alten Prägungen weiter zu pflegen – und man fühlt sich zutiefst missverstanden. Dann sind wir aufgefordert, auch deren Wahrnehmung und Entscheidung zu respektieren. Es erfordert Hingabe, andere Menschen so denken und fühlen zu lassen, wie sie es eben genau zu diesem Zeitpunkt können oder wollen. Das setzt eine der Tugenden voraus, auf die wir im weiteren Verlauf des Buches eingehen werden. Das Göttliche lässt jedem Menschen seinen Raum und seine Zeit. Wir dürfen diese Vorgabe in Respekt und Liebe ebenfalls aufbringen. Wir wünschen ja auch für uns, dass wir mit unserer Art zu denken und zu leben ebenfalls respektiert und in Ruhe gelassen werden.

Alle Menschen haben das Recht, eigene Erfahrungen machen zu dürfen. Hierfür wurde diese Erkenntniswelt erschaffen. Die negativen Kräfte, schwere Lebensumstände oder schwierige Situationen erlauben die entsprechende Wahrnehmung. Auch wir erlebten unsere Prüfungen stets mit der energetischen Vorgabe, die wir für diesen Moment benötigten. So wie ein Schüler das Schuljahr bis zum Ende durchleben muss, mit allem Lernstoff, der dafür vorgesehen ist, Monat für Monat und Klassenarbeit für Klassenarbeit. Versetzen wir jemanden ohne die notwendige innere Kraft und das energetische Fundament in eine höhere Schulklasse, wird er wohl am Ende des Jahres bei seiner Jahresabschlussprüfung durchfallen. Er muss das komplette Jahr wiederholen.

Es stehen uns große und intensive energetische Hilfen und Möglichkeiten zur Verfügung. Es liegt am eigenen Erkennen und an der freien Entscheidung, welcher Weg beschritten wird. In naher Zukunft werden nur diese Vorgehensweisen wahrlich Bestand haben, die auf höheren Werten und den Energien der göttlichen Kraft aufgebaut sind. Alles andere wird halt-los. Es wird nicht getragen aus den höheren Kraftquellen. Die Zeit der dunklen Machenschaften neigt sich dem Ende zu. Alle Ego-Strukturen beziehen ihren Energiezuwachs aus dem Umfeld, entweder durch Lob, Machtausübung oder Manipulation. Auch diese Vorgehensweisen werden immer weiter eingeschränkt.

Es wurden viele und wichtige Erkenntnisse aus dem Vorhandensein der „Negativität" gewonnen. Man konnte das Innere ausloten und aus der Kraft des Herzens in enger Verbindung mit der Seele seine Entscheidungen und Vorgehensweisen treffen.

In letzter Zeit wurden aus dem Unterbewusstsein tiefe Ablagerungen an die Oberfläche geschoben. Restlasten, die mitunter Prägungen aufweisen, die uns bekannt erscheinen. Doch in diesen tiefen Schichten war eine Ablösung bisher nicht möglich. Erst durch die erhöhte globale Schwingung konnte diese Aufarbeitung einsetzen. Die Geistige Welt steht uns hierfür liebevoll zur Seite.

Das Seelen-Heil ist einer der wichtigsten Aspekte auf dem Weg in die höhere Wahrheit. Früher hörte man noch öfters Aussprüche wie: „Achte auf dein Seelenwohl!“ oder „Das trübt deine Seele!“ In Goethes Faust möchte Mephisto gar die ganze Seele von Faust für sich.

Sobald die Seele von den Verdunkelungen des Egos befreit wurde, strömt die Wahrheit des Höchsten unverfälscht in das menschliche Bewusstsein. Das Streben nach Erhöhung der menschlichen Seele dient der Befreiung niederer Aspekte. Man kann auch von Leere sprechen, frei von persönlichen Bedürfnissen und somit frei von Manipulationen dieser Erkenntniswelt. Sobald die Verwicklungen gelöst sind, kann sich die göttliche Liebe in allen Ebenen als wahres Sein des Menschen offenbaren. Der künstlichen Matrix wird der Zugang entzogen. Wir können kraftvoll dem Weg des Inneren folgen. Wir strahlen Bewusstsein und Präsenz aus. Die Umgebung wird ebenso davon berührt wie das kollektive Feld aller Menschen.

In diesem Buch beleuchten wir das Wirken der Seele sowie die Verführungen und Versuchungen der „dunklen Seite“. Wir machen uns bewusst, wie wertvoll und heilig das Wohl der Seele ist und wie stark uns die höhere Liebe auf diesem Weg unterstützt. Wir betrachten die unterschiedlichen Aspekte der „Versuchungen“ und gehen kraftvoll und getragen von der Geistigen Welt den Weg in eine höhere Ebene des Seins. Sobald wir mehr als zwei Drittel einer Aufarbeitung erreicht haben, hilft uns das Göttliche, mit starken Energien den Rest zu meistern. Darauf dürfen wir zutiefst vertrauen.

Zu diesem Ziel starten wir in uns selbst mit der eigenen Bewusstwerdung und Entfaltung. Hierzu bedarf es der jeweiligen Erkenntnisse und persönlichen Erlebnisse, deren Wichtigkeit wir nicht unterschätzen sollten. Wir begeben uns auf den Heimweg in die Göttliche Liebe, nach der wir uns sehnen. Je intensiver Wahrhaftigkeit und Liebe das eigene Leben bestimmen, umso intensiver wird diese Schwingung in die Außenwelt abgegeben und wirkt energetisch auf das Umfeld; nicht im Denken oder Vorstellen von Liebe und Licht, sondern im Gefühl und Sein der Liebe. Nur über gefühlte Liebe des Herzens kann die Seele wahrhaft erhöht werden. Die göttliche Welt umfängt uns und trägt uns nach Hause.

Wir möchten in diesem Buch die Möglichkeit eines Weges aufzeigen und einige energetische Hintergründe als Hinweis und Botschaft beleuchten. Sein Inhalt möchte ein Informationsquell sein, ohne Anspruch auf Vollkommenheit. Es stellt ein Angebot dar, aus welchem jeder Mensch seine Erkenntnis ziehen kann, wenn er sie als richtig erachtet und als wahrhaftig in seinem Inneren erfühlt. Es ist wichtig, dass nur das Wissen angenommen wird, welches als eigene innere Wahrheit im Herzen seinen Widerhall findet.

Die Phase der harten Lernschule neigt sich dem Ende zu. Wir befinden uns bereits im Übergang in das Neue Zeitalter. Das Ego mit den persönlichen und aufgesetzten Fremdprägungen, Rollenspielen oder anerzogenen Vorgaben hält noch einige Tücken bereit, die uns ein vollständiges Leben in wahrer Tugend verschleiern. Diese sollen in diesem Buch im Ansatz dargestellt werden, vor allem der Umgang damit und die Ausrichtung auf die höchste Liebe im eigenen Inneren. Wir werden konkrete Möglichkeiten aufzeigen, die gerne genutzt werden können, wenn sie den Klang der Herzen berühren.

Die Veränderung wird auch global stattfinden, das Kraftpotenzial der höheren Lichtkräfte wird sich in der Zukunft durchsetzen. In den feinstofflichen erdnahen Ebenen neigt sich die Reinigung und Erneuerung bereits dem Ende zu, die Liebe durchdringt immer mehr Ströme und Ebenen. Nicht mehr lange, und sie wird sich auch in den dichten materiellen Welten durchsetzen.

Wenn die Informationen stimmen, wird unser ganzes Sonnensystem von einer höheren Energie durchflutet. Es findet ein Aufstieg in eine höhere Frequenz statt, der alle Ebenen des Seins erfassen wird. Einzelne Menschen oder Menschengruppen haben diesen Aufstieg für sich selbst in der Vergangenheit bereits vollzogen, doch nun scheint der Aufstieg eines ganzen Planeten zu erfolgen. Diese Besonderheit ist ein wichtiger Aspekt der Rückkehr in die feinstoffliche Heimat.

In diesem Buch widmen wir uns den Tugenden des Seins in enger Verbindung mit der Seele. Wir bewahren die Schwingung der höchsten Liebe in unseren Herzen, um für die Erhöhung vorbereitet zu sein.

Nur ein kleiner Frequenzwechsel – und das Auge kann die veränderte Materie nicht mehr erfassen. Vielleicht bedeutet dies in naher Zukunft, wie in der Bibel vermerkt: „Und zwei werden auf dem Felde stehen, eine bleibt und eine wird mitgenommen!" Wie auch immer die Zukunft aussehen wird, das Wohl der Seele und die Liebe im Herzen sollte unser Ziel sein – nicht nur für uns selbst, sondern auch für das Wohl vieler und das Wohl dieser Erde.

Wir können unseren Beitrag leisten durch die wahrhaftige Arbeit an uns selbst, welche auch als nachhaltige Information und Schwingung in das gemeinsame Energiefeld übergeht.

# Einstimmung

Dieses Buches durchlief während des Schreibens vier Phasen:

Zuerst manifestierten sich die Botschaften über die Tugenden. Die klare Erkenntnis, dass jede Tugend in zwei negative Seiten abgleiten kann und die beiden Seiten beleuchtet werden müssen. Ein Leben in den Zwängen der einen Seite pendelt in einem nächsten Leben zuerst auf die andere Seite, um die *Göttliche Mitte* zu erreichen. Dies bedeutet die Möglichkeit eines Schwingungsausgleiches, die mit der energetischen Rücknahme eigener Verursachungen zusammenfällt. Nicht als Schuld, sondern als Erkenntnis. Die Summe der Erfahrungen aus allen sieben Tugenden kann als Basis des Entwicklungsweges betrachtet werden. Ohne Wertung. Einfach dankbar sein für den Weg.

In einem nächsten Schritt veränderte sich die Zielsetzung des Buches in Richtung Klärung und Durchlichtung der Seele. Die Seele beinhaltet unser eigentliches Wesen. Sie ist bei einer entwickelten Seele nur in Teilbereichen in einem Körper inkarniert, da der Leib die hohe Schwingung nicht aushalten würde. Alle menschlichen Anteile, die sich noch in einer abgefallenen Ego-Struktur befinden, werden von den höheren Seelenbereichen aktiviert und auf die Heimkehr in die göttlichen Kraftquellen vorbereitet.

Der freie Wille ist die Basis des *Heimweges durch Erkenntnis.* Jede noch so kleine Seelenfaser, die noch von Vorgaben des Egos manipuliert wird, muss aus sich selbst heraus erkennen und wählen. Solange noch

Bereiche des Menschen außerhalb der göttlichen Liebe schwingen, wird der *Erkenntnisweg Erde* als Lernweg wahrgenommen. Im derzeitigen Wandlungsprozess wird nichts mehr zurückgelassen, alles wird gewandelt und darf auf die höheren Werte ausgerichtet werden. Kein Zwischenlager oder äußere Aura-Ablagerungen sind mehr möglich. Alles kommt ans Licht, alles darf betrachtet werden. Die höheren Seelenanteile in Verbindung mit der geistigen Führung und der lichtvollen Welt setzen alles daran, den Menschen hierbei zu unterstützen.

Die nächste Veränderung in den energetischen Vorgaben des Buches richtete sich auf die Wahrnehmung der göttlichen Ordnungskräfte. Nur wer absichtslos, außerhalb der Forderungen des Egos, zur Wahrnehmung gelangt, kann die wirklichen Impulse der höheren Weisung unverfälscht erfassen. Man schwingt in Harmonie mit den Schöpfungskräften. Dies gelingt erst dann, wenn ein großer Prozentsatz der Blockaden und Fehlausrichtungen aufgelöst wurde, wenn das Ego sein Eigenleben loslassen konnte und wieder die Liebe seiner eigentlichen Heimat fühlt.

Die vierte Schwingungsveränderung zielte auf die drei Phasen der menschlichen Entwicklung. Auch bei der Kommunikation kann ein Mensch, wenn er nicht wahrgenommen wird, in seiner Not wieder auf das Niveau körperlicher Gewalt zurückfallen. In unseren drei Phasen erfolgt nach der körperlichen Gewalt, sei es für den Arterhalt oder das Überleben, die zweite Phase der Verständigung. Man sprach miteinander, versuchte ein gutes Zusammenleben. Nun gilt es, die dritte Ebene zu meistern – die Erhöhung und Durchlichtung der Emotionen und Gedanken. Hier erfolgt die Erhellung des Menschen durch Liebe bis auf den Grund. Es ist an der Zeit, auf die Feinheiten zu achten und den Wert der Seelenreinheit zu begreifen. Viele Menschen sprechen liebevoll, doch bereits beim Verlassen des Raumes wird in Gedanken und Gefühlen über den anderen hergezogen und mit Emotionen die feinstoffliche Energie verdunkelt. Hier befindet sich die Lieblosigkeit noch auf der emotionalen und gedanklichen Ebene.

Diese wieder auf die Werte der Tugenden und der Liebe auszurichten, ist das Gebot der Stunde. Es gilt, die restlichen alten Schmerzen und Verkrustungen aufzulösen, damit man auch in Gedanken und Gefühlen ein Bote der göttlichen Werte und der Liebe sein kann.

Im Grunde gehören alle Frequenzen, alle Schwingungen und Aufgliederungen einer großen Aufgabe an: Der Rückkehr in die Ebenen der Liebe, unserer eigentlichen Heimat. Es geht um das Abfragen im eigenen Inneren nach den Hinweisen der Geistigen Welt sowie um das Handeln und Empfinden aus Liebe. In Harmonie mit unserem Seelenplan und den Weisungen der höheren Werte können wir mutig voranschreiten. Wir dürfen erkennen, dass wir nur dann Sklaven des Systems sind, bis wir begreifen: Wir sind frei. Wir sind Schöpfer. Wir haben es nur verlernt oder vergessen. Wir durchlaufen eine Schulung auf dieser Erde, die es uns in der Folge ermöglicht, vollkommen frei und unangreifbar den weiteren Weg zu gehen.

Liebe offenbart uns den Zugang zu allen Dingen. Wir sind eins mit allem Sein. Über das Herz kann das Göttliche begriffen werden. Unsere höheren Seelenanteile in enger Harmonie mit der Geistigen Welt, unserer geistigen Führung und der vollkommenen Liebe geben uns den notwendigen Halt auf diesem Weg.

# Der Weg

Im Laufe unserer Leben wird unsere Aufmerksamkeit immer wieder auf gewisse Aspekte gelenkt, die sich mehr oder weniger intensiv zeigen. Wir werden auf Emotionen und Gedanken hingewiesen, die entweder noch in uns vorhanden sind oder als Botschaft und Lernhinweis dienen sollen.

Alles, was sich in unserem Leben ereignet, dient ausschließlich der höheren Erfahrung; einem Erkenntnisweg, welcher uns nach Beendigung dazu in die Lage versetzt, nie wieder in die Verführung der dunklen Seite zu geraten. Man ist letztendlich nur wirklich gegen die Verführung der niederen Aspekte gewappnet, wenn man sie erlebt hat und bewältigen konnte: Nicht nur theoretisch, sondern im leibhaftigen Geschehen.

Die Betrachtung von außerhalb dieser Erlebniswelt, innerhalb von Fülle und Wahrhaftigkeit der Geistigen Welt, mag ein Wesen dazu verleiten zu glauben: „Diesen Mangel muss man doch bewältigen können, ohne emotional abzugleiten!" oder „Wie können sich die Menschen nur so blenden und verführen lassen?" Das tiefe Wissen negativer Versuchung und die eigenen Reaktionen können nur dann wirklich erfahren werden, wenn man sich in die Weltenschule einlässt. Nur innerhalb einer Erfahrungswelt voller Negativität und Lieblosigkeit kann man alle Wirkungsweisen der niederen Aspekte und die eigenen emotionalen Reaktionen hautnah erleben.

Die Bereitschaft des absoluten Annehmens und die Hilfe der Geistigen Welt verhelfen uns zu einem liebevollen Umgang mit den Versuchungen und Angeboten der lieblosen Seite. Wir können die verführten Anteile in uns realisieren, die jetzt wieder zurück in die göttliche Liebe möchten. Dankbar sollten wir die eigenen Persönlichkeitsanteile auf ihrem Erkenntnisweg schätzen und annehmen, anstatt sie abzulehnen, auch wenn sie sich noch in den Fängen der lieblosen Seite befinden. Es ist wichtig, die Verantwortung für alle Situationen im Leben selbst zu übernehmen. Würden wir die Schuld jemand anderem zuweisen, verlören wir auch die nötige Kraft für deren Auflösung und Erkenntnis. Die Energie der Wahrhaftigkeit kann nur fließen, wenn man den Hintergrund eigener Erkenntnisse versteht. Die positive Standhaftigkeit nach durchlaufener Lebensschule möchten wir ja auch als Bereicherung erhalten. Dazu bedarf es der Erkenntnis aus eigener Wahrnehmung, aus der Entscheidung des Herzens. Ein sogenannter *Guru* kann Basiswissen lehren und dabei mithelfen, die Herzenswahrheit zu finden. Als wahrer Lehrer wird er sich selbst jedoch nur als Startpaket, als Gehhilfe oder als zeitweilige Unterstützung sehen und darstellen.

Ein gesundes Selbstverständnis ist von großem Vorteil. Es geht darum, den Mut aufzubringen, eigene Schwächen anzuerkennen und anzunehmen. Es erfordert viel Mut und Hingabe, einer heranbrausenden Aufarbeitung entgegenzusehen. Vertrauen ist eine wichtige Basis für den spirituellen Weg. Nicht zu erwarten, dass die anderen sich verändern, sondern die eigene Aufgabe liebevoll anzunehmen, auch wenn sie unangenehm erscheint. Das gehört zum Leben, dafür sind wir alle auf der Erde. Durch Hingabe erfolgt ein absichtsloses Annehmen, ohne das erneute Wirken, Fordern oder Verlangen des Egos. Wir erarbeiten uns eine gesunde Selbsteinschätzung, welche die Schwächen sieht, sich aber auch über das Gute freuen kann. Wer sich selbst nicht wirklich sehen mag, sondern den Schleier von Ego-Bedürfnissen darüber zieht, kann schwerlich bis gar nicht in die Aufarbeitung gelangen. Die Wege bleiben verschüttet, über welche die Kraft der Auflösung strömen muss.

Die Unsicherheit, ob das Ego noch in irgendeiner Form von der negativen Seite motiviert werden kann, bleibt so lange bestehen, bis wir die Erfahrung der Versuchung überwinden können. Deshalb ist die eigene Entscheidung aus der Kraft und Weisheit des Herzens notwendig. Wir befinden uns in der letzten *Phase der Entscheidungen*. Auch wenn viele Menschen in dieser Zeit der Prüfungen die höchste Liebe noch nicht vollständig umsetzen können, so werden sie dennoch von der höchsten Weisheit berührt, um zu einem späteren Zeitpunkt die Reifeprüfung ablegen zu können.

Auf keinem Planeten ist die Verbindung in die niederen astralen Ebenen so stark wie zurzeit auf der Erde. Wir erleben, wie dunkle Wesen immer stärker versuchen, die Erde mit möglichst vielen Gräueln zu verfinstern und auf ihre Vorstellungen auszurichten. Im Bemühen, ihre niederen Maßstäbe auf der Erde zu verbreiten und möglichst viele Seelen zu binden, erlauben sie jedoch im Gegenzug vielen entwickelten Menschen, tiefe Erkenntnisse zu gewinnen und ihr Innerstes auszuloten. Dies ermöglicht die Bildung innerer Stabilität auf dem Weg in eine lichtvolle Zukunft.

Viele liebevolle Wesen aus den nahen feinstofflichen Ebenen sind an der Hilfe für die Menschheit beteiligt. Viele lichtvolle Wesen aus den geistigen und astralen Ebenen unterstützen die positiven Energien der Erde und der Menschen. Auch sogenannte *Außerirdische* von anderen Planeten stehen bereit, uns in jeder erdenklichen Art und Weise behilflich zu sein. Nicht nur im Übergang, sondern auch danach, wenn sie sich offen zeigen werden. Diese Außerirdischen sind ebenfalls in Körpern inkarniert, jedoch meist in höherschwingenden. Das bedeutet, dass wir sie mit unseren Augen noch nicht wahrnehmen können. Sie müssen sich zuvor verdichten. Auch ihre Raumschiffe schwingen außerhalb unserer Wahrnehmung. Sobald unsere irdischen Körper in eine höhere Frequenz übertreten, wird der offene Kontakt mit vielen Welten und Wesen einsetzen.

Genau in diesen irdischen Übergangsjahren werden alle Strukturen angeregt, die noch in niederer Verdichtung auf der Erde wirksam sind. Alles wird in Schwingung versetzt und jegliche Verkrustung aufgebrochen. Die lieblose Seite versucht massiv, ihre Machtstrukturen zu erhalten. Dies erlaubt dem erwachten Menschen, das Bewusstsein zu schulen und tiefe Erkenntnis zu erlangen. Versuchen wir, die Boten dieser Prüfungen nicht zu verurteilen, sondern sie als das zu betrachten, was sie sind: Teile der Schöpfung und vielleicht auch irgendwann Heimkehrende.

Die dunklen feinstofflichen Wesen können nicht selbst in das Erdengeschehen eingreifen, nur über die Beeinflussung und Manipulation menschlicher Gedanken und Emotionen. Sie berühren die Ego-Bedürfnisse der Menschen und gaukeln ihnen deren Befriedigung in dieser Welt vor. Die menschlichen Erfüllungsgehilfen der „Dunklen Seite" folgen blind deren Befehlen, um selbst mehr „Vorzüge" zu erlangen und ihre „Macht" auf der Erde auszudehnen. Die Erfüllung der Ego-Bedürfnisse ist vergänglich, doch der Bedarf bleibt bestehen und ermöglicht den Dunklen fortdauernden Zugriff. Die Macht der Erfüllungsgehilfen ist eine Illusion. Wenn es der dunklen Seite nicht mehr passt, werden sie fallengelassen. Auch innerhalb der dunklen Machtelite und in einflussreichen Familien können wir zurzeit eine Veränderung erleben. Einige bisherige Diener der negativen Kräfte erwachen und werden sich der Sklaverei des Regimes bewusst. Teilweise werden Kinder innerhalb der Herrscherfamilien mit einem neuen Bewusstsein geboren. Sie widersetzen sich dem alten Machtgefüge und wollen die Zerstörung und Ausbeutung des Planeten und der Menschen nicht mehr länger unterstützen.

Die negativen Kräfte spüren das Schwinden ihrer Macht und schnüren ihre „Seile" immer fester. Dadurch werden deren Bestrebungen und niederen Beweggründe deutlich. Durch diese massiven Auswirkungen erwachen auch manche Menschen, deren oberstes Ziel bislang nicht die Wahrheitssuche beinhaltete. Nach dem ersten Erwachen bleibt es nicht aus, die Lieblosigkeit und den Verlust der höheren Werte innerhalb bestimmter Systeme zu erkennen. Der dunklen Seite ist durchaus bewusst, dass ihnen nicht mehr viel Zeit zur Umsetzung ihrer machthungrigen Ziele zur Verfügung steht. Sie aktivieren ihre letzten Kraftreserven. Doch die Lichtkräfte werden keine weiteren Zugriffe auf die Menschheit mehr zulassen. Die positive, liebevolle Energie nimmt stetig zu und wächst zu einer großen kollektiven Kraft heran, die immer mehr Menschen erreicht.

Wir wollen in diesem Buch nicht die Einzelheiten dunkler Machenschaften aufdecken, sondern uns um das Wohl unserer Seele kümmern. Dazu ist es zwar notwendig, einige Hintergründe aufzuzeigen, jedoch immer im Sinne des höheren Weges und der Erkenntnis, nicht zur Verurteilung. Durch emotionale Verurteilung wird Seelenenergie in uns aktiviert, die nicht nur als negative Energie der dunklen Seite als Nahrung dient, sondern wir werden dadurch auch in genau die Schwingungen einge-bunden, die wir ab-ur-teilen. Gleichzeitig werden die wertenden Seelenfasern von den höheren Energien abgetrennt. Bleiben wir neutral, kann die Wahrnehmung dem höheren Ziel eigener Vervollkommnung dienen.

Das Erkennen negativer Hintergründe kann einen empfindsamen, entwickelten Menschen hart treffen. Nach dem ersten Schock liegt es an uns, wie wir damit umgehen. Fernhalten oder Verdrängen kann diese Prozesse nicht beleuchten. Liebe steckt den Kopf nicht in den Sand, Liebe erkennt. Durch das Betrachten fließt sie in den bislang verborgenen Bereich. Es ist genau das Versteckte, welches im Untergrund seine Masse vermehrt. „Unbeleuchtet“ von der Liebe, brodelt es in seinem Versteck. In bewusst geheimgehaltenen Strukturen soll es erstarken und vor den Zugriffen des Lichtes verborgen bleiben. Sobald es gesehen und erkannt wird, startet die Durchleuchtung. Die Liebe und das absolute Vertrauen in die Göttliche Führung sind die Wege der Auflösung und Erneuerung: Erkennen, ins Licht bringen und im weiteren Verlauf wieder loslassen. Wenn das Erkennen im tiefen Wissen geschieht, dass die Lernerfahrung einen wesentlichen Bestandteil des spirituellen Weges darstellt, können wir ruhiger und gelassener den Weg der Liebe beschreiten. Wir betrachten zwar das Dunkle, nutzen es jedoch, ohne zu urteilen, für die eigene Verbesserung. Dann nähren wir nicht das Dunkle, sondern fördern das Positive.

Es ist wichtig, sich immer wieder bewusst zu werden, dass wir über unsere Seele göttliche Energie aufnehmen. Wird sie achtsam aufgenommen, erfüllt sie uns mit Kraft und Liebe. Wird die göttliche Kraft und Energie verändert und sozusagen missbraucht, entstehen dadurch niedere Emotionen wie Neid, Zorn, Eifersucht oder Ängste. Da sich die niederen Wesen und dämonischen Kräfte nicht von göttlicher Lichtenergie nähren können, versuchen sie, diese niederen Emotionen der Menschen als Nahrungsquelle abzuschöpfen. So erscheint es nicht verwunderlich, wenn sich die lieblosen Wesen ihre Nahrungsfelder erhalten möchten. Es sollen möglichst viele Seelen von der bevorstehenden Energieerhöhung abgehalten werden. In Kürze wird von der göttlichen Seite kein weiteres Eingreifen negativer Konstrukte mehr zugelassen. Es wird ein globaler Aufstieg in eine feinere Schwingung erfolgen, und jeglicher Zugriff der lieblosen Seite wird abgewendet.

Innerhalb all dieser Vorgänge wird stets der freie Wille des Menschen respektiert: Lässt er sich weiter von der kurzfristigen Erfüllung seiner Begierden leiten oder beginnt er, den Weg der Liebe und seiner inneren Bestimmung zu erkennen. Wir sind Teil der vollkommenen Liebe und dürfen unseren Weg zurück in die göttliche Heimat finden.

# Emotionen und Gefühle

In meinen Büchern werden Emotionen und Gefühle grundsätzlich unterschieden. Emotionen sind die Manifestationen von Ego-Bedürfnissen, von eigennützigen Vorstellungen oder niederen Aspekten wie Neid, Zorn, Angst, Hader, Missgunst, Stolz oder Habgier – im Grunde alle Aspekte des Eigenwillens, welche es zu bearbeiten gilt. Es mag seltsam erscheinen, aber „emotionslos" ist das Ziel.

Es gilt zwar, die Emotionen zu überwinden, doch sind sie auch genau der Schlüssel, der es dem Menschen erlaubt, alle Ebenen des Seins auszuloten. Es gilt, die Wirkungsweisen der Emotionen außerhalb des göttlichen Kraftstroms zu erkennen und zu überwinden. Durch die Rückführung der abgefallenen Emotionen und der Erkenntnis des göttlichen Weges wird ein Mensch sofort eventuelle Zugriffe negativer Strukturen erkennen. Hat er alle Stufen der Emotionen durchwandert und diese in ihrer Manipulation durchschaut, wird er in der Zukunft unantastbar für diese negativen Zugriffe.

Emotionen stellen durch ihre niedere Energie immer eine Möglichkeit dar, von negativen äußeren Wesen und Feldern manipuliert zu werden. Sie schwingen außerhalb höherer Impulse.

Am Anfang des Entwicklungs- und Erkenntnisweges fallen sehr viele Emotionen an. Da man als „Neuling" noch schwer damit umgehen kann, werden mitunter Unmengen an Emotionen erzeugt. Diese würden die menschliche Aura verstopfen und weitere Schritte verhindern, wenn es nicht Wesen gäbe, welche diese „Abfallstoffe" verwerten könnten. Durch das Abschöpfen der Wesen, die sich von diesen niederen Emotionen ernähren, wird eine Befreiung erreicht. Wäre dieser Umstand nicht vorhanden, würden wir in dieser Anfangsphase an den eigenen Emotionen ersticken: Sie würden wie Kletten an uns hängen und jegliche weiteren Schritte verhindern. Alles gehört zum Wirken des irdischen Kräftehaushaltes. Auf der körperlichen Ebene werden alle Stoffe nach dem Verlassen der Seelen von den Zersetzungskräften wieder der Erde zugeführt. Sofort erscheinen Bakterien, Maden und Gewürm als „Verwesungsverwerter", die jeglichen Stoff zersetzen und unseren Lebensraum reinigen. Ohne diese gegenseitig hilfreichen Kräfte könnte das Leben nicht existieren. Sie sind notwendiger Bestandteil der irdischen Schöpfung.

Im Gegensatz dazu stehen die Gefühle, welche in unserer Betrachtung als hohes Ziel angesehen werden. Gefühle wie wahrhafte Liebe, Mitgefühl, Gnade, Verständnis, Vertrauen, Verantwortung, Fürsorge, Toleranz oder Respekt – die Basis des göttlichen Weges. Diese Gefühle werden von höchsten Instanzen durchdrungen. Sie sind göttliche Weisheit und erfüllen das menschliche Leben in positiver Art und Weise. Sie sind das Ziel und der Heimweg.

Gefühle sind ruhig und erlauben eine Tiefe, welche uns der Göttlichkeit näherbringt. In der Hetzjagd der Emotionen und den Wirren des Weltstresses kann dies der absolute Ruhepol sein. Man mag vielleicht von einem Mitmenschen hören, dass es doch total langweilig sei, so friedvoll und ruhig sein Dasein zu fristen, doch dieser Mensch konnte die erfüllende glückliche Tiefe vermutlich noch nie erleben, welche das Vorhandensein des höheren Friedens und die Nähe zur höchsten Form der Erfüllung mit sich bringt.

Alle Menschen fühlen in sich ihren Weg der Tugenden und spüren ihre echten Gefühle. Sie wissen zutiefst in ihrer Seele, dass die sogenannte *Heldenreise* als Teil des menschlichen Erfahrungsweges angesehen werden kann. Deshalb verliert sie auch in Filmen niemals ihren Reiz: Der Held, der seine Tiefen erlebt und durch unerwartete Hilfe dennoch sein Ziel erreicht. Wir alle sind die Helden, welche am Anfang noch Schwächen aufweisen oder Lernerfahrungen benötigen, tiefe Wirren oder schwere Zeiten erleben, um aus diesen geläutert und stark den weiteren Weg zu beschreiten. Die Hilfe für uns Menschen ist die Liebe des Höchsten und die Unterstützung der Geistigen Welt.

# Energie als Nahrung

Durch den Sturz aus der Versorgung mit göttlicher Kraft sind die Wesen in den niederen Ebenen verhärtet. Sie haben ihre Kräfte verbraucht und können durch die Trennung nicht mehr an höhere Energien gelangen. Sie sind durch die Gottferne und die Präsenz des Eigenwillens nicht mehr in der Lage, sich von liebevoller Energie zu ernähren. Sie empfinden das Licht als brennend. Die Aspekte ihres Egos sind verfinstert, und sie versuchen, ihren Energiehaushalt mit missbrauchter göttlicher Seelenenergie der Menschen zu decken. Sie versuchen, die unreifen Bewusstseinsstrukturen des Menschen zum Erzeugen niederer Emotionen zu bewegen. Als niedere Energie gelten Neid, Hass, Missgunst, Prahlerei, Angst, Machtstreben, Völlerei, Stolz, Faulheit oder Zorn. Die Manifestationen werden den enthaltenen Gedanken entsprechend geformt, durch die Art der Emotion gefärbt und ihre Präsenz durch das enthaltene Kraftpotenzial erreicht. Sie entstehen über dem Solarplexus und sind meist mit Gedankenkraft angereichert. Emotionen können als Verdichtung am Körper entlang wandern oder sich am Hals festsetzen. Der Ausspruch, die Angst schnürt mir die Kehle zu, ist durchaus zutreffend.

Bei Blutopferungen, Missbrauch, sexuellen Abartigkeiten oder Ritualen entstehen grausame Energien. Sie werden von höheren Dunkelwesen verwertet. Um an die im Blut vorhandene Seelenessenz zu gelangen, versprechen die Dämonen den Menschen weltliche Macht oder sonstige Begehrlichkeiten. Fließt das Blut oder geschieht der Horror einer Tötung, erhält der Dämon seine Nahrung. Blutopfer dienen stets der Speisung dämonischer Kräfte. Wir vertiefen dieses Thema nicht weiter, es ist jedoch wichtig, diese Hintergründe zu kennen. Das Heil der Seele und der Herzensweg sollen das primäre Ziel dieses Buches sein. Menschen auf dem Weg zu ihrem Seelenwohl und zu höherer Erkenntnis geben sich solchen Gräueltaten nicht hin.

Der Vorgang des Energieraubes durch niedere Wesen oder auch durch Menschen in der Umgebung funktioniert nur, wenn die entsprechende Energie vorhanden ist. Nur wenn niedere Emotionen produziert werden, erscheinen die „Verwerter". Wandelt der Mensch seine Ego-Anteile auf dem Weg der Liebe, verändert er seine Emotionen in Gefühle. Er kann von der dunklen Seite oder von „Energie-Vampiren" nicht mehr missbraucht werden. In der Folge erhält niemand mehr Zugang zum persönlichen Kräftehaushalt.

# Hingabe

Eine der wichtigsten Grundlagen für den spirituellen Weg und die Rückkehr zur vollkommenen Liebe ist die Hingabe. Ohne Hingabe bleiben die Tore für das Einströmen höherer Energien verschlossen.

Das Ego ist in seiner Abspaltung stets mit sich selbst beschäftigt. Es folgt den Mechanismen von Kontrolle, Selbstsucht und steter Energiesuche im Äußeren. Getrennt von der göttlichen Kräftezufuhr, wirbelt es im Alltag umher auf der Suche nach Erfüllung seiner Programmierungen und Bedürfnisse. Der Eigenwille hält sich nicht selten selbst für Gott, für einen Anführer, Besserwisser oder Dirigenten der Lebensumstände.

Auf dem Weg zum Begreifen seiner ursprünglichen göttlichen Heimat wird das Ego auch von den Vorgaben der weltlichen Machthaber erfasst. Dann wird gedient, gearbeitet, Geld gescheffelt, das Leben strukturiert und die Freizeit geplant, um allen Vorgaben der weltlichen „Gesetzeshüter" zu entsprechen. Der ganze Tag dient den Verpflichtungen und vorgegebenen Handlungen. Die Zeit der Besinnung bleibt auf der Strecke. Erst auf dem weiteren Weg erkennt das Ego den Pfad der Liebe und die persönliche Freiheit.

Manche Menschen benötigen einen *kräftigen Hieb* ihrer Seele, manche befinden sich bereits tatkräftig auf dem Weg der inneren Veränderung. Die Wege gestalten sich individuell, doch ohne die Hingabe an die höchste Liebe ist keine Schwingungserhöhung möglich. Ohne die Hinwendung an die Werte des Menschseins, ohne die Qualitäten der Tugenden ist eine Loslösung alter Programme nicht möglich. Ob sie vollkommene Liebe, Gott, Menschlichkeit oder einfach liebevoller Weg genannt wird, spielt keine Rolle. Es geht ausschließlich um das Prinzip der Hingabe an die göttliche Weisheit, Liebe und Führung. In diesem Buch wird sie meist als höchste Liebe, Vollkommenheit oder göttliche Kraft bezeichnet.

Hingabe bedeutet nicht nur, wie etwa bei einer Krankheit, die Dauer oder den Ausgang dem höchsten Willen zu überlassen. Auch bei Unternehmungen können wir zwar die weltlichen Voraussetzungen planen und vorbereiten, doch dann sollte alles der geistigen Führung übergeben werden. Hingabe findet nicht im gemütlichen Sessel in Erwartung besserer Lebensumstände statt. Hingabe erfolgt nach Aktivität, nach der Umsetzung innerer Impulse. Sie bedeutet intensive Arbeit an sich selbst sowie die Schulung des freien Willens. Das Ego wird zur Erkenntnis geführt, um aus innerem Wissen, nicht aus falscher Hoffnung, das Leben und alles Geschehen der höchsten und vollkommensten Ordnung zu übergeben.

Die Rückkehr abgespaltener Ego-Bereiche sowie die Auflösung alter Prägungen sind die besten Voraussetzungen für die Hingabe an die Liebe. Deshalb bemühen wir uns in diesem Buch, die Arbeit an uns selbst zu beleuchten. Als nächster Schritt wird das eigene Sein über die vollkommene Hingabe den höchsten Lichtkräften übergeben. All dies geschieht in uns selbst.

# Die Seele

Das Wissen über die Seele gehört zu den Anschauungen, die auf sehr vielfältige Art und Weise betrachtet und ausgelegt werden. Sicherlich befinden wir uns erst am Anfang dieses Erkenntnisweges, dennoch durften wir bereits einige wichtige Hintergründe erfahren.

Manche Menschen haben ihre eigene Betrachtung der Seele: Alles ist gut, alles darf sein. Deshalb sollen die folgenden Informationen nur als Angebot betrachtet werden. Sie können angenommen werden, wenn sie das Innere berühren oder als Wahrheit im Herzen erfühlt werden.

Auch wenn ein Wesen in die tiefsten Ebenen der Dunkelheit abgestürzt ist, ob durch den sogenannten Fall mit den Lichtengeln oder durch eigenes Handeln auf Erden, immer bleibt es mit einigen Fasern seines Seins mit der Wahrheit des Göttlichen verbunden. Je größer die Entfernung von der höchsten Kraft, umso dichter wird die Schwingung. Es bleiben aber bewegliche kleine Fasern vorhanden, welche als Seelenreste bezeichnet werden. Diese Restfasern können nicht mehr als Seele im ursprünglichen Sinn bezeichnet werden. Sie können aus eigener Kraft keinen Kontakt mehr in die göttlichen Ebenen herstellen. Die Gnade erlaubt die Heimkehr, sobald der/die Gefallene dies wünscht. In derartiger Verdichtung kann keine göttliche Energie aufgenommen werden, da die Frequenz zu hoch schwingt – die Restfasern der Seele würden verglühen. Diese Fasern sind sozusagen auf sich selbst geworfen, und es liegt an ihnen, die Wahrheit und ihren Ursprung wieder zu erkennen.

Entscheidet sich ein Wesen in den niederastralen Ebenen für seinen Heimweg, wählt es meist den Weg über die Erdeninkarnationen. Hier können alle Emotionen aufgearbeitet, alle Verführungen gemeistert und alle Tugenden entwickelt werden. Auch können alte karmische Restlasten über den Inkarnationsweg erkannt und ausgeglichen werden.

Über die Seele kann das höhere Wissen empfangen werden. Das Ge-*Wissen* erlaubt es jedem Menschen, auf die höheren Wahrheiten zuzugreifen. Bereits bei der ersten Inkarnation wird das Ge-Wissen aktiv und versucht, den Ego-Anteilen den wahrhaften Weg aufzuzeigen. Über Scham, Reue oder Magengrimmen werden die Botschaften übermittelt. Es gestaltet sich sehr individuell; jeder Mensch wird seinen ganz eigenen Weg entwickeln. Selbst bei einem Mord oder sehr lieblosen Taten wird der Mensch immer die Wahrheit in seinem Inneren fühlen. Selbst die übelsten Machtmenschen wissen in der Tiefe sehr genau, dass ihre Taten nicht dem wahrhaften Weg ihrer Seele entsprechen.

Auf keinem anderen Planeten ist es zurzeit möglich, sich mit allen Aspekten der abgefallenen Gefühle (den Emotionen) und dem Ego zu beschäftigen, um diese wieder in den lichtvollen Strom der göttlichen Energie einzugliedern. Nirgendwo sonst wurde den Dunkelkräften in diesem Ausmaß der Zugriff erlaubt. Viele lieblose Verführungstaktiken dienen aus Sicht der Negativkräfte ihrem eigenen Vorteil, doch werden die heimkehrenden Seelen dadurch geläutert und in das Erwachen geführt. Das Wirken der negativen Kräfte kann erkannt und durch die Herzöffnung der Rückweg in die geistigen Ebenen erreicht werden.

Für diesen Heimweg erhält das strebende Wesen von der Geistigen Welt, als besonderen und wichtigen Gnadenaspekt, eine Seele. Dies ist die Basis für den Erkenntnisweg in die göttliche Heimat und kann in seiner Tragweite und Wertigkeit gar nicht deutlich genug dargestellt werden. Die „Heimkehrer" erhalten scheinbar erneut eine Seele für den Erden-Weg, doch ist es eigentlich das Rückversetzen in einen Zustand, welcher dem wahrhaften Menschsein entspricht. Die Seele ist der Kraftquell, welcher als Wegweiser, Impulsgeber und Liebesportal dient. Die erhaltene Seele verbindet sich mit den restlichen, fast abgestorbenen Seelenfasern und bildet fortan eine Einheit. Die durch die Liebe erleuchteten Seelenbereiche formen durch Erkenntnis das Wesen des Menschen.

Menschen, die sich aus lichtvollen Ebenen für den Erkenntnisweg Erde entschieden haben, verfügen bereits über eine Seele. Manche sind sehr liebevoll, möchten jedoch den Verführungsweg erfahren, um sich bis in die tiefsten Ebenen ihres Seins in der Liebe zu stabilisieren.

Eine zurückkehrende Seele erscheint bei ihrer ersten Inkarnation noch sehr nebelig und trüb. Wird eine Inkarnation mit vielen Altlasten und negativen Emotionen begonnen, sind diese Seelenfasern nur in der Tiefe der Aura wahrnehmbar. Der Mensch wirkt energetisch düster und belagert. Zwar ist die Seele anfangs nur aus wenigen erstarkten Energiefäden zusammengesetzt, kann sich aber dennoch bereits als Mensch bezeichnen. Über diese Seele erhält ein Wesen schon bei der ersten Inkarnation Botschaften und Hinweise aus den lichtvollen Ebenen, damit es, wenn es zuhört, stets den wahren Weg und das Gute erkennen kann. Im weiteren Verlauf der Entwicklung reifen die negativen Anteile in der Liebe der Tugenden. Je mehr „Lichter aufgehen", desto strahlender wird die Aura. Bewusstsein ist der Schlüssel und Liebe die Wandlungskraft im Vorwärtsschreiten einer Seele. Die Aura wird immer strahlender; sie wird als Ausdruck der Seelenzusammensetzung immer klarer und lichtvoller. Je weiter sich ein Mensch ent-*wickelt*, umso freier fließt die Liebe. Sobald die Bereiche von blockierenden Altlasten befreit sind, strömt die Liebe als eigentliches Sein.

Hat sich ein Wesen inkarniert, welches sich bislang aus niederen Emotionen bereichert hat, wird es sich als Mensch in der ersten Inkarnation ebenfalls von diesen Energien ernähren. Er wird ziemlich ungezügelt dieser Vorgehensweise frönen, bis die innere Information über die Seele an Kraft zunimmt. Das Erkennen der vergänglichen Energieaufnahme niederer Emotionen bringt den Menschen in die Ausrichtung auf die höhere Versorgung durch göttliche Energie. Eine Energieaufnahme von anderen Menschen ist grundsätzlich mit deren persönlicher Energie durchzogen. Wird beispielsweise ein Star auf der Bühne übermäßig angehimmelt und der Fan übergießt einen Sänger mit *Bewunderungsenergie*, kann sich darin immer ein Teil von Neid oder unterdrückter Zorn befinden. Jegliche von Menschen übertragene Energie ist nicht nur vergänglich, sondern meist auch besetzt. Nimmt der Star die Energie auf, ist sie nach kurzer Zeit aufgebraucht, und er rennt unverzüglich der nächsten „Vergötterung" hinterher. Nicht umsonst hüten sich fortgeschrittene Seelen vor übermäßigem Lob oder Huldigung.

Über die Seele kann der Mensch Informationen aus den liebevollen Ebenen erhalten, ebenso die Hilfe seiner geistigen Begleitung oder seines Schutzengels. Das Wahrnehmen und Erkennen dieser Informationen wird sich im Laufe mehrerer Leben verstärken. Kann ein Mensch zuhören, wird die Information aus den höheren Ebenen über die Seele immer stärker. In der Seele werden alle Erinnerungen gespeichert. Diese stehen in jedem Leben offen oder unbewusst zur Verfügung. Verharren Informationen im Unterbewusstsein, ist das Hören auf die inneren Impulse der Schlüssel.

Man kann die wichtigen Impulse der Seele eine Weile unterdrücken, doch drängen sie nach kurzer Zeit wieder an die Oberfläche. Würde jemand gar nicht hören wollen oder mutwillig jegliche Hinweise emotional abtöten, würde ihm die Seele wieder genommen. Dies geschieht glücklicherweise sehr selten, da die Seele auch in den tiefsten Ebenen immer nach Hause zurückkehren möchte. Auch wenn sie sich oberflächlich zu sperren scheint, das Streben dringt immer in das Bewusstsein. Dafür hat sich der Mensch auf den Weg begeben. In der Tiefe spürt er den Schmerz des Verlassen-Seins, die Gottferne der ursprünglichen Heimat. Das Sehnen nach der göttlichen Heimat ist der Ansporn.

Es ist einem Wesen nur mit einer Seele möglich, göttliche Energie aufzunehmen und zu verwerten. Dieses Geflecht ist der Zugang in die Lichtreiche und auch die Verbindung, über welche der Weg in die höheren Reiche begleitet und geführt wird. Die Fülle und Intensität einer Seele wird kräftiger, je mehr der Mensch reift. Damit die Seelenessenz die Aura erfüllen kann, muss sie vorher von den Verdichtungen des Egos gereinigt werden. Die Seele erhält nicht nur Informationen aus der Geistigen Welt, sie empfängt auch Kraft und Fülle. Mit der Zeit lässt der Mensch die weltlichen Programme los, und die Persönlichkeitsaspekte vereinen sich immer mehr mit der Seele. Je mehr wir aus den Persönlichkeitsprofilen entwachsen, je mehr wir die Rollen loslassen, umso mehr erleben wir die Seele als Teil von uns selbst. Dann verschmelzen im weiteren Verlauf die seelischen mit den geistigen Aspekten. In den höchsten Ebenen scheint sich die Seele mit dem Geist zu verbinden und geht in diese Kraft über. Dann kann man sagen, am Anfang gibt es Körper, Seele und Geist. Steigt der Körper mit uns auf, wird er zu Seele und Geist. Im weiteren Verlauf geht die Seele in den Geist über, und wir rücken als Geistwesen immer näher an die ursprüngliche geistige Heimat heran. Der Trennungsgedanke löst sich auf, alles wird transformiert und erhöht sich.

Von einem Menschen mit einer erwachten, auf die Liebe gerichtete Seele kann man sagen: „Er/sie ist eine gute Seele!“ Bei höherer Entwicklung verbinden sich die Persönlichkeitsanteile eines Menschen vollständig mit der Seele. Der Trennungsgedanke ist vorüber. Der

Mensch und seine Seele sind eins und gehen in ein höheres Gewahrsein über. Der Heimweg kann erfolgen, sobald das trennende Ego-Streben beendet und die Harmonie mit den höchsten Werten verinnerlicht wurde. Der Fokus des Egos auf sich selbst wird abgelegt und auf das Wohl aller ausgerichtet. Wir werden selbst zum Kraftquell höherer Energie.

Eine Seele kann es sich nach ihrer eigenen Heimkehr zur Aufgabe machen, der Menschheit weiter zu dienen. Es ist ihr bewusst, dass die Worte „Was du dem Geringsten von mir tust, tust du auch für mich!" eine absolute Wahrheit bergen. Solange noch gefallene Anteile im Ego schwingen oder niederastrale Welten vorhanden sind, ist auch ein Teil von uns selbst noch in der Tiefe. Wir beginnen, auch diese Anteile zu lieben und sie als Geschwister zu betrachten.

Eine Seele verfinstert sich, wenn emotionale Lieblosigkeiten begangen oder stets die niederen Vorgaben des Egos bedient werden. Eine Seele kann trauern, wenn die Persönlichkeit sich ständig gegen die Impulse der Seele stellt. Es liegt an jedem Menschen selbst, ob er die Weisung der Seele pflegt und verstärkt oder ob er sich verdunkelt und seine Aura verschmutzt.

Eine Seele kann auch brechen, was sich beispielsweise die Kampf-Ausbildung in manchen Ländern zunutze macht. Hier werden die zukünftigen Soldaten einem so intensiven Drill unterworfen, dass sie mit der Zeit den Zugang zu ihrer Seelenwahrheit verlieren. Sie werden an die Grenze des Erfrierens, Ertrinkens oder Verhungerns gebracht. Sie werden angebrüllt und gehetzt und bis an die Grenzen des Erträglichen gezerrt. Eine Seele kann nur ein gewisses Maß an Leid ertragen, dann bricht sie, außer sie wird von der Göttlichen Kraft getragen und gespeist, wie das bei wichtigen Erkenntnissen der Fall ist. Dann wird Leid erlebt, und die Seele kann verletzt werden, jedoch ohne einen Seelenbruch.

Wird eine Seele einige Male gebrochen, zerstört dies auch die gegenwärtige Persönlichkeit. Ein gut gedrillter Soldat befolgt einen Mordauftrag, ohne die höhere Weisung in sich wahrzunehmen. Er ist ein williger Befehlsempfänger für die Kriegstreiber.

Auch starke Schocks können einen Seelenbruch verursachen, beispielsweise andauernder Machtmissbrauch von Vorgesetzten oder Familienmitgliedern. Unfälle, Todesfälle, Gefangenschaft, die Liste ist leider ziemlich groß. Selbst das Miterleben einer brutalen Situation von Menschen, die man liebt, deren Krankheit oder Tod, können Schocks auslösen. Solch ein Seelenbruch kann auch über das Mitgefühl eintreten, was im weiteren Verlauf von selbst erlebten Schocks schwer zu unterscheiden ist.

Das Erkennen und Annehmen als Rückführung zur Liebe Gottes wird alle Wunden heilen.

Somit ist die Seele am Anfang einer Heimreise ein Geschenk aus der Göttlichen Welt. Sie verbindet sich im weiteren Verlauf der Höherentwicklung immer mehr mit dem Menschen und wird ein Teil von ihm. Man wird eins mit der Geistigen Welt, und im weiteren Verlauf wird man immer mehr eins mit der Göttlichkeit. Dem wahren Menschen steht das Liebesgeschenk der Seele immer zu, da sie aus höherer Sicht bereits ein Teil von ihm ist.

Deshalb ist es sehr wichtig, dass sich der Mensch das Heil seiner Seele stets vor Augen hält. Die negativen Kräfte versuchen immer, die Seele zu verschleiern und die Wertigkeiten auf andere Begebenheiten zu lenken. Stress, dauernde Ablenkung oder Manipulationen sollen dem Menschen die Wahrheit verdecken. Dies erscheint aus deren Sicht logisch, da sie den Seelen-Heimweg nicht antreten möchten oder können. Sie wollen sich die dunkel verdrehte Seelen-Energie von Menschen einholen, vor allem von denen, die erst am Anfang ihrer inneren Wahrheit stehen. Sie zeigen dem Menschen so lange jeglichen negativen emotionalen Aspekt auf, bis er die Wahrheit erkannt oder die Täuschung durchdrungen hat. Dann zeigt sich die Seelenwahrheit, und der Mensch hat seine Lernaufgaben bewältigt. Auch wenn dieser Lernweg hart erscheint, ist er dennoch unumgänglich. Halten wir uns den Wert der irdischen Lernerfahrung stets vor Augen. Wir werden bis in die tiefsten Fasern unseres Seins geläutert und sind in der Folge vor jeglichem negativen Zugriff geschützt. Dankbarkeit für diese Lernerfahrungen ist ein wunderbarer Kraftquell für das menschliche System.

Die Läuterung, Erkenntnis und Höherentwicklung einer Seele verändert auch die körperliche DNS. Nicht nur persönliche Blockaden oder Barrieren fallen, es werden auch von außen gesetzte Störungen oder Manipulationen aufgelöst.

Schöpferkraft erwächst ausschließlich aus Seelenkraft. Lieblose Wesen aus den niederastralen Ebenen verfügen über keine Schöpferkraft. Möchten sie auf der Erde ein Gesetz installieren oder eine Manipulation einbringen und festigen, gelingt dies nur durch die Energie der Menschen. Sobald beispielsweise viele Menschen ein Gesetz anerkennen, wird es durch deren Schöpferkraft manifestiert. Nur Menschen mit einer Seele verfügen über die Kraft der Manifestation. Sie sind die Schöpfer. Wenn wir heute erkennen, dass ein bestimmtes Gesetz nicht mehr dem Wohl der Menschheit dient, sollte es abgeschafft werden.

Es wird oft von Seelengruppen gesprochen. Wir können tatsächlich wahrnehmen, dass bestimmte Seelen immer wieder zur gleichen Zeit inkarnieren und ihr Zusammentreffen vorausplanen. Sie empfinden sofort eine tiefe Zuneigung zueinander und gehen nicht selten ein Stück ihres Weges zusammen.

Es können auch innerhalb einer Inkarnation Seelenbereiche ausgetauscht werden. Mitunter wird erweitertes Wissen über einen Austausch vermittelt, oder der Reifeprozess ist so weit vorangeschritten, dass ein höherer Seelenanteil aufgenommen werden kann. Manchmal verändert sich auch die Aufgabe der jeweiligen Persönlichkeit, und die entsprechend neuen Seelenbereiche unterstützen die Wege.

Man spricht auch von schlafenden oder sich im Dämmerzustand befindlichen Seelen. Diese findet man vor allem am Anfang des Erkenntnisweges. Je weiter das Erwachen und die Entwicklung voranschreiten, umso offener, klarer und bewusster werden die Seelenbereiche. Beim plötzlichen Tod eines Menschen kann man beispielsweise erleben, dass sich Seelenteile abspalten, sobald sie noch an weltlichen Dingen oder Vorstellungen hängen. Sie wandern in ihren verbliebenen Astralenergien umher und erscheinen dem hellsichtigen Auge neblig und durchsichtig. Ihre Augen sind geschlossen, und sie streifen durch die bekannten Orte ihrer Persönlichkeit. Liebevolle Wünsche an die geistige Führung mit der Bitte um baldiges Erwachen können als Hilfe eingesetzt werden. Manchmal irren diese abgespaltenen Seelenbereiche bis zur nächsten Inkarnation umher und werden in die neue Persönlichkeit aufgenommen. Wir erleben in dieser Zeit des Wandels die komplette Reinigung und Klärung aller Seelenanteile. Befinden sich noch Abspaltungen der Seele im erdnahen Bereich, werden sie aufgenommen und der Bewusstwerdung zugeführt. Nichts wird in den Schwingungen der neuen Zeit zurückgelassen.

Menschen, welche nicht in die niederastralen Ebenen gefallen sind, sondern aus feinstofflichen Ebenen inkarnieren, haben bereits eine Seele. Menschen aus lichtvollen geistigen Ebenen, welche die Wahl getroffen haben, die Tugenden ihrer Seele auszuloten oder den Versuchungen der dunklen Seite zu begegnen, sind selbstverständlich mit ihrer Seele verbunden. Manche sind in einigen Aspekten der Seele bereits so gefestigt, dass diese nicht mehr durch negative Bestrebungen verführt werden können. Diese Gewissheit haben sie jedoch erst, wenn sie der Versuchung mindestens einmal begegnet sind.

Sollte sich eine erstarkte Seele beispielsweise im Thema Neid unsicher sein, kann sie ein Erdenleben wählen, um die Stabilität dieser Herz-Tugend zu erreichen. Das Thema Neid wird während der Inkarnation somit eine große Rolle spielen, bis auch dieser Aspekt transformiert wurde.

Sobald wir eine gewisse Prägung oder negative Tendenz in unserem System erkennen, ist es wichtig, sich nicht mit ihr zu identifizieren. Es handelt sich um einen Anteil unserer Seelenmatrix, der mit einer Problematik konfrontiert ist. Wenn wir uns komplett mit der Angst oder Untugend identifizieren, können wir nicht aus den höheren Anteilen damit umgehen. Eine Betrachtung als Teilbereich der Seele, mit dem wir arbeiten sollen, ist die deutlich sinnvollere Anschauung. Es ist ebenso wichtig, sich nicht mit den jeweiligen irdischen Berufen oder Tätigkeiten zu identifizieren. Wir *sind* weder Verkäufer, Buchhalter, Bauer, Therapeut, Arzt oder Politiker – wir arbeiten nur in diesen Berufen. Sobald wir uns komplett in die energetischen Felder einfügen, werden wir auch von diesen vereinnahmt, im negativen Fall sogar manipuliert. Negative Altlasten, die vielleicht darin enthalten sind, wirken ohne vorherige Betrachtung und Erhellung auf uns ein. Nur ohne Identifikation bleiben wir frei und werden von fremden Manipulationen nicht in unserer Arbeit gestört.

Eine Seele kann nicht nur brechen, es können auch Teile von ihr abgespalten oder gebunden werden. Diese sind mit Persönlichkeitsanteilen verknüpft, und man kann sagen, es sind Teilbereiche eines Menschen. Sie sind mit fremden Prägungen behaftet oder schwingen abgespalten, außerhalb des menschlichen Energiesystems. Vor allem in meinem ersten Buch „Die Aura des Menschen" werden diese Teilbereiche und der Umgang damit detailliert beschrieben.

Man kann auch sagen, dass die Teilaspekte eines Menschen, welche auf die Bedürfnisse des Egos ausgerichtet sind oder von fremden Prägungen und Vorgaben belagert und manipuliert werden, sich ihrer selbst nicht bewusst sind. Sie beginnen erst zu leben, wenn sie frei sind, ihren wahren Weg erkennen und sich auf den geistigen Weg begeben.

Betrachten wir die körperlichen Aspekte und Zugänge der Seelenkraft, können wir klar erkennen, dass das Herz eine entscheidende Rolle spielt. Das Herz ist wie kein anderes Organ mit der Seele auf unterschiedlichen Ebenen verbunden. Das menschliche Herz besitzt **zwölf** Zugänge zur Seele. Die Befreiung des Herzens, die Aktivierung der Liebe im Herzen ist somit einer der wichtigsten Aspekte auf dem Weg zu einer reinen und liebevollen Seele. Die Liebe bedeutet für uns das absolute Ziel, Heimweg und Wegweiser. Über die Liebe erleben wir die Göttlichkeit selbst. Bestimmt kann man sagen, die höchste Liebe umfasst die Göttlichkeit, ist gewissermaßen das Göttliche. Es kann in unseren Herzen angestrebt und gelebt werden.

Es existieren in der gesamten Körperlichkeit über alle Organe und Gewebe Zugänge zur Seele. Der Körper wird mit der Zeit immer mehr von den feinstofflichen Energien genährt, was uns den Aufstieg in die erste feinstoffliche Ebene ermöglicht. Dieser Wahrheit sind sich gewisse Kräfte sehr bewusst. Sie arbeiten mit allerlei Strahlen, Schwingungen und Substanzen, welche Ablagerungen in den Körpern erzeugen, oder auch mit chemischen Mitteln, welche die höheren Zugänge blockieren und den Aufstieg verhindern sollen. Doch je mehr ein Mensch erwacht ist und sein Wesen und sein Körper von Herzliebe durchdrungen wird, desto weniger sind alle diese Versuche der negativen Seite wirksam. Es ergibt sich eine Frequenzerhöhung, in welche die negativen Strukturen nicht mehr eindringen können.

Genau genommen kann man vierundzwanzig Kraftquellen im Herzen ausmachen. Zwölf davon liegen im Sehnen und Arbeiten des Menschen, die anderen zwölf sind das Auffangen dieser Annäherung durch die höchste göttliche Liebe. Man hat uns mitgeteilt, dass sich der Mensch zwei Drittel aus freiem Willen und eigener Kraft erarbeiten muss, das andere Drittel wird uns von der Göttlichkeit geschenkt. Es erscheint wie das Ausstrecken der göttlichen Arme, welche die Bemühungen des Menschen auffangen und aufnehmen, verstärken, schützen, leiten und lieben. Es ist wie eine Berührung mit der Göttlichkeit selbst. Zwölf seelisch-menschliche Arme werden von zwölf göttlichen aufgefangen. Dieses Auffangen bezieht sich immer auf die jeweiligen Bereiche der Wandlung. Man kann also nicht sagen, dass man ein Drittel seiner negativen Anteile brach liegen lässt – und Gott wird es schon richten. Es bedeutet stets das Auffangen innerhalb der Aufarbeitungen. In dieser Zeit der Wandlung wird nichts zurückgelassen, alles wird angehoben und kann in die Klärung und Auflösung gelangen.

Wir leben gegenwärtig in einer Zeit, in der es uns noch schneller möglich wird, die Aspekte der Seele zu heilen und an die höheren Schwingungen anzugleichen. Zwischen den Leben wurden bisher in bestimmten erdnahen Schichten die lieblosen karmischen Aspekte abgelagert, welche vor einer neuen Inkarnation stets aufgesammelt werden mussten. Auch diese „Lagerstätten" oder astralen „Schubladen" werden gereinigt und ausgeräumt, um alle restlichen „Fehlschöpfungen" aufzulösen oder zu integrieren. Die Rücknahme erschöpft uns mitunter; dann fühlen wir uns tagelang schwach und angeschlagen, da die Anpassung sehr viel Energie erfordert.

Unserer geistigen Führung ist es wichtiger, diese energetischen Aspekte aufzulösen, als für unseren Alltag die notwendige Energie zur Verfügung zu stellen. Es scheint, als dränge die Zeit. Die Notwendigkeit, die Ego-Reste aufzuarbeiten, wird deutlicher denn je.

Nachfolgend möchte ich ein Gebet vorschlagen, welches ganz besonders hilfreich sein kann, um die seelischen Aspekte auszuheilen und Abspaltungen zu integrieren.

Diese Gebete sind in der Wir-Form gehalten. Dies bedeutet die Verbindung aus

- Höherem Selbst
- Tagesbewusstsein
- Unterbewusstsein
- Geistiger Führung
- Dem Geistigen Team, welches uns begleitet und
- Den Schutzengeln, welche uns zur Seite stehen.

Sie alle, als *wir*, dienen mit uns gemeinsam einem Ziel. Ist man sich dessen bewusst, kann das Wort „ich" genutzt werden. Das bleibt jedem selbst überlassen. Das alleinige Tagesbewusstsein unseres Alltags jedoch, als „Ich", ist in der höheren Wahrheit viel zu wenig.

Um wirklich alle Restlasten zur Heilung zu bringen, ist es notwendig, noch vorhandene negative Erfahrungen und Erlebnisse auf unserem Heimweg anzusprechen und zu erleben. Sie werden dadurch beleuchtet und können vom Licht der Liebe sortiert und geheilt werden. Dadurch bleibt nichts Unterdrücktes zurück oder gärt im Unbewussten. Nichts kann mehr von gleichschwingenden negativen Kräften missbraucht werden.

Wenn man sich um das Heil seiner Seele bemüht, ist man sich der teils harten und schweren Erlebnisse in der Erdenwelt bewusst. Im Zuge des Lernweges kann auch Magie in früheren Inkarnationen als wichtige Erfahrung gewertet werden. Alles, was geschah, war notwendig und wichtig. Wir sind dankbar für die Erfahrungen und sehen mit liebevollem Herzen in die Zukunft. Das absolute Annehmen spiegelt die Basis der Aufarbeitung.

Das nachfolgende Gebet wirkt auf das Heil der Seele.

## Seelen - Heil

Höchste Göttliche Schöpferkraft,
Vollkommene Liebe, Höchstes Sein,

von ganzem Herzen bitten wir Dich um Rückholung aller verstreuten Seelenanteile und Seelenfasern, die

- auf unserem Weg der Erkenntnis irgendwo verhaftet oder hängen geblieben sind
- unbewusst oder erzwungen außerhalb unserer Aura wirken
- von dunklen Kräften gebunden wurden, um zu dienen oder negative Energien zu nähren
- die durch Schwüre oder Lügen an fremde Mächte gebunden sind
- durch Manipulation negativen Programmen vertrauen und diesen dienlich sind
- sich schuldig fühlen und nicht mehr wagen, „nach Hause" zu kommen
- die ausgesandt wurden, um selbst zu manipulieren oder negative Aufträge zu erfüllen.

Bitte integriere sie in Deiner Weisheit und Liebe, damit alle Spaltungen und Risse geheilt werden und unsere Seele in Deiner Liebe strömen kann.

Alle „Platzhalter" und fremden Belagerungen werden durch Deine Liebe aus unserer Aura entfernt, damit sich unsere Seelenabspaltungen wieder vollkommen integrieren können.

Bitte heile die Verletzungen, welche in unserem Energiefeld entstanden sind, und schenke uns Kraft und Klarheit, damit sich vorhandene Gewohnheitsmuster vollkommen auflösen können.

Bitte lösche alle mitgebrachten Schmerzen, Emotionen und Prägungen, die auf unserem Weg der Heilung nicht mehr benötigt werden und nicht dem Wohle aller dienlich sind.

Lasse unsere Seele heil werden.

Wir fühlen Deine Nähe und Deine Liebe und danken Dir von Herzen,

In Liebe

# Die dritte Phase des Seins

Der spirituelle Weg des einzelnen Menschen kann in drei Phasen oder Ebenen unterteilt werden.

Die erste Phase beinhaltet unter anderem Vorschriften wie: „Du sollst nicht töten! Du sollst nicht stehlen!" Verhaltensregeln, die ein Miteinander ohne Brutalität und körperliche Gewalt ermöglichen. Hier wird das menschliche Grundgerüst in erste Bahnen gelenkt. Liebe und Mitgefühl gilt als Grundlage des Lernweges.

Unter der zweiten Phase verstehen wir bereits gelebte Mitmenschlichkeit. Es werden keine Schläge mehr ausgeteilt, sondern Probleme im Gespräch und im Austausch erörtert. Tiere werden gut behandelt, und der positive Umgang mit der Natur erlangt immer mehr Bedeutung. Negative Emotionen und Gedanken sind vorhanden, werden jedoch nicht mehr als körperliche Gewalt ausgelebt. Den Übergang von der ersten in die zweite Ebene können wir sehr gut im Schulsystem verdeutlichen. In Gesprächen wird immer wieder berichtet, dass noch 1970 teilweise üble Schläge von manchen Lehrern an die Schüler ausgeteilt wurden. Mit Holzlinealen wurde auf die Ohren gedroschen, es gab Tatzen-Schläge auf die Hände, oder die Ohren wurden vom Lehrer lang gezogen. Das kann man sich heute kaum mehr vorstellen, aber in sehr vielen Schulen war Gewalt als Erziehungsmethode durchaus erlaubt. Vom Kriegsgeschehen in der Welt einmal ganz abgesehen.

Die dritte Phase bringt uns tief in das liebevolle Sein. Wir versuchen, die negativen Emotionen an der Wurzel zu bearbeiten und eigene Seelenanteile auf die höchste Ebene des Seins auszurichten. Die unterdrückten Emotionen werden in der dritten Ebene bearbeitet. Im Bemühen, den Alltag in Wahrhaftigkeit und Liebe zu meistern, gelangt man immer mehr an die höheren Weisungen der Seele und der Geistigen Welt heran. Der Alleingang des Egos wird aufgelöst, und man schwingt in der Harmonie der höheren Ordnung. Es werden im Alltag nicht mehr emotional Forderungen erpresst oder Druck auf das Umfeld ausgeübt. Man lässt sich von der höheren Weisheit leiten und wird dadurch immer mehr zum Ausstrahlungspunkt liebevoller Energie. Im Streben, das Gute im Mitmenschen zu fördern, werden wir immer mehr zum Kraftquell höherer Energien. Die dritte Ebene ist somit nicht nur die gelebte Liebe, sondern auch die gefühlte Liebe im Umgang mit allem Sein. Man nimmt die Weisungen des Schöpferstroms wahr und befindet sich in Harmonie mit den höheren energetischen Vorgaben. Schwingt man in der Erkenntnis höheren Seins, werden als Ego-Reaktion keine Mitmenschen mehr verbal angegriffen. Man versucht beispielsweise nicht mehr, seinen Energiehaushalt durch Kompliment-Suche und Heischen um Anerkennung aufzufüllen.

Zum Ende der dritten Phase ist auch die Botschaft bedeutungsvoll, dass der Einfluss der verschiedenen dunklen Mächte, aus welcher Ebene auch immer, sich dem Ende naht. Es sind noch ihre Kraftreserven wirksam sowie die bis dahin manifestierten Unterdrückungsmechanismen, doch neuerliche Zugriffe sind nicht mehr erlaubt. Das Ende ihrer Machtausdehnung wurde vor allem im Winter 2012 eingeleitet und hat sich neuerdings weiter verstärkt. Die menschlichen Erfüllungsgehilfen sind weiter aktiv, doch werden auch deren Aktivitäten immer weiter eingeschränkt. Noch versuchen die negativen Wesen, das Erwachen der Menschen zu verhindern, doch dieses Bemühen wird keinen Menschen mehr erreichen, der sich wahrhaft auf dem Weg der Befreiung befindet. Es wird im Gegenteil die Tatkraft im Menschen gestärkt. Je mehr das Maß negativer Manipulation überschritten wird, umso deutlicher lässt es sich erkennen. Wir befinden uns in einer Zeit der globalen Entscheidung; es liegt jetzt an jedem selbst, wie er sein Leben gestalten möchte.

Auf die Harmonie mit dem Schöpferstrom zu vertrauen, bedeutet in keiner Weise, die Individualität zu verlieren. Im Gegenteil: Wir erhalten alle Freiheit, die man sich nur wünschen kann. Man kann alles tun, wenn man denn mag. Wenn das Ego seine Bedürftigkeit jedoch abgelegt hat, wird es nicht jammernd nach einem Ferrari rufen oder nach täglichem Kaviar und Champagner. Nur dem Ego erscheint die Freiheit von seinen Bedürftigkeiten langweilig und manipuliert. Es ist stets das Ego selbst, welches den Menschen davon abhält, inneren Frieden zu fühlen. Stattdessen aktiviert es den Menschen, die Bedürftigkeiten gefälligst zu befriedigen. So viele Menschen rennen den ganzen Tag den Vorgaben ihres Egos hinterher – und merken es gar nicht. Wer nach langer Mühe und Arbeit endlich befreit ist von den Zwängen des Egos, wird genau nachempfinden können, wie schön sich Freiheit anfühlt. Es erlaubt durchzuatmen, wirklich zu fühlen und das Geschehen im Äußeren endlich ungefiltert wahrnehmen zu können.

Es erfordert allerdings zu Anfang eine gewisse Hingabe und Aufmerksamkeit, tiefes Hineinfühlen, Objektivität und willensfreie Annahme. Nur als neutraler Beobachter können wir wirklich die Hinweise der höheren Schwingungen erfühlen, wenn wir auch bereit sind, das Unangenehme anzunehmen. Sozusagen im Einschwingen in die energetischen Hintergründe, um die geistigen und feinstofflichen Botschaften wahrzunehmen. Dies ist die Basis, um in Harmonie mit dem Schöpferstrom zu leben und zu wirken. Wir wissen eher selten, ob wir mit unseren Taten gegen das Karma anderer Menschen verstoßen, ob wir es sogar aufhalten, verschlimmern oder verstärken.

Wir fühlen eher selten, ob ein Seelentreffen stattfinden muss oder eine bestimmte Situation in der Zukunft eine wichtige Entscheidung einleitet. Lassen wir uns daher vom allwissenden Schöpferstrom leiten und folgen den gefühlsmäßigen Botschaften in unserem Leben, werden wir immer zur richtigen Zeit am richtigen Ort sein.

Empfinden wir als Person beispielsweise das Bedürfnis, Urlaub am Meer zu verbringen, werden die Geistige Welt und unsere Begleiter alles dafür tun, damit wir diesen Urlaub wie gewünscht erleben können. Sobald keine energetischen Hindernisse vorhanden sind und keine karmischen Beweggründe vorliegen, werden unsere Wünsche immer umgesetzt und respektiert. Die Erfüllung eines ehrlichen Wunsches ist für unsere geistige Führung eine Freude, umso mehr wenn wir ihnen dafür danken. Es erfordert Weisheit und Umsicht, auf die Botschaften der Geistigen Welt zu hören und zu vertrauen. Ganz im Gegenteil zu vielen der üblichen Auffassungen: „Man wird ja wohl dürfen!" oder „Das stehe einem ja wohl zu!"

Wir erleben global den Übergang in eine feinere Schwingung. Alle Menschen, die sich auf dem Weg in die höhere Liebe, ihre eigentliche Heimat, befinden, werden von diesen Qualitäten erfasst und können sich tiefer und liebevoller mit allem Sein verbinden. Dem strebenden Menschen ist durchaus bewusst, dass die Auflösung restlicher Ego-Aspekte mit Arbeit verbunden ist. Die Altlasten dürfen vollends abgetragen und alle Aspekte des Seins in die höhere Liebe überführt werden. Das geschieht ganz automatisch, sobald man sich aus den Verdichtungen oder alten Manifestationen löst.

Nur die Menschen, welche ihr Energiefeld aufräumen, ihre verdichteten Ego-Aspekte auflösen und sich in die Harmonie des Schöpferstroms begeben, werden von den lichten Energien erfasst. Sie werden erhöht und aus den alten Strukturen gelöst. Dieses Sehnen und Streben kann niemandem aufgedrückt oder willentlich erzwungen werden, es erfordert große Hingabe und das wahre Bewusstsein, warum wir uns auf den Weg der Erkenntnis begeben haben. Das Ziel ist die Nähe zur vollkommenen Liebe, die Rückkehr in unser wahrhaftiges Sein.

# Feinstoffliche Welten

Die nachfolgenden Zeilen versuchen, die bisher erlebten Welten zu einem Modell zusammenzufügen, das uns einen groben Überblick erlaubt, wie sich die niederastralen Welten, die Erde als Portal und die höheren feinstofflichen und Geistigen Welten darstellen können. Diese bildliche Darstellung kann nur im Ansatz die Fülle und den Überblick enthüllen, welche tatsächlich vorhanden sind. Auch existieren viele Schwingungsebenen ineinander, was es kaum erlaubt, diese in unserer 3D-Ebene abzubilden. Deshalb sind die folgenden Aufzeichnungen als Ansatz zu betrachten. Vielleicht können sie der bildlichen Vorstellung dienlich sein. Auch kann die Göttliche Ebene nicht dargestellt werden, ebenso wenig die höheren geistigen Ebenen, welche in ihrer Fülle und Größe schier unermesslich sind.

Als vorgestelltes Zentrum nehmen wir die Erde. Um sie herum, mit einigen Metern Abstand, ihren feinstofflichen ätherischen Gürtel. Dieser kann mit dem Ätherfeld um den menschlichen Körper verglichen werden, welcher zwar bereits feinstofflich, jedoch immer noch sehr dicht in drei bis fünf Zentimetern um den Leib schwingt. Der Erdgürtel umfasst ebenfalls verschiedene Dichtegrade. Mitten durch das vorgestellte Modell, somit durch die Erde, ziehen wir eine imaginäre Linie. Diese soll die Trennung zwischen den astralen Welten darstellen. Zum einen nach unten in die dichteren Ebenen, zum anderen nach oben in die immer liebevoller werdenden feinstofflichen und geistigen Ebenen. Im Erdgürtel können sich Licht und Schatten aufhalten, die oberen und unteren Welten sind in der Folge jedoch klar getrennt.

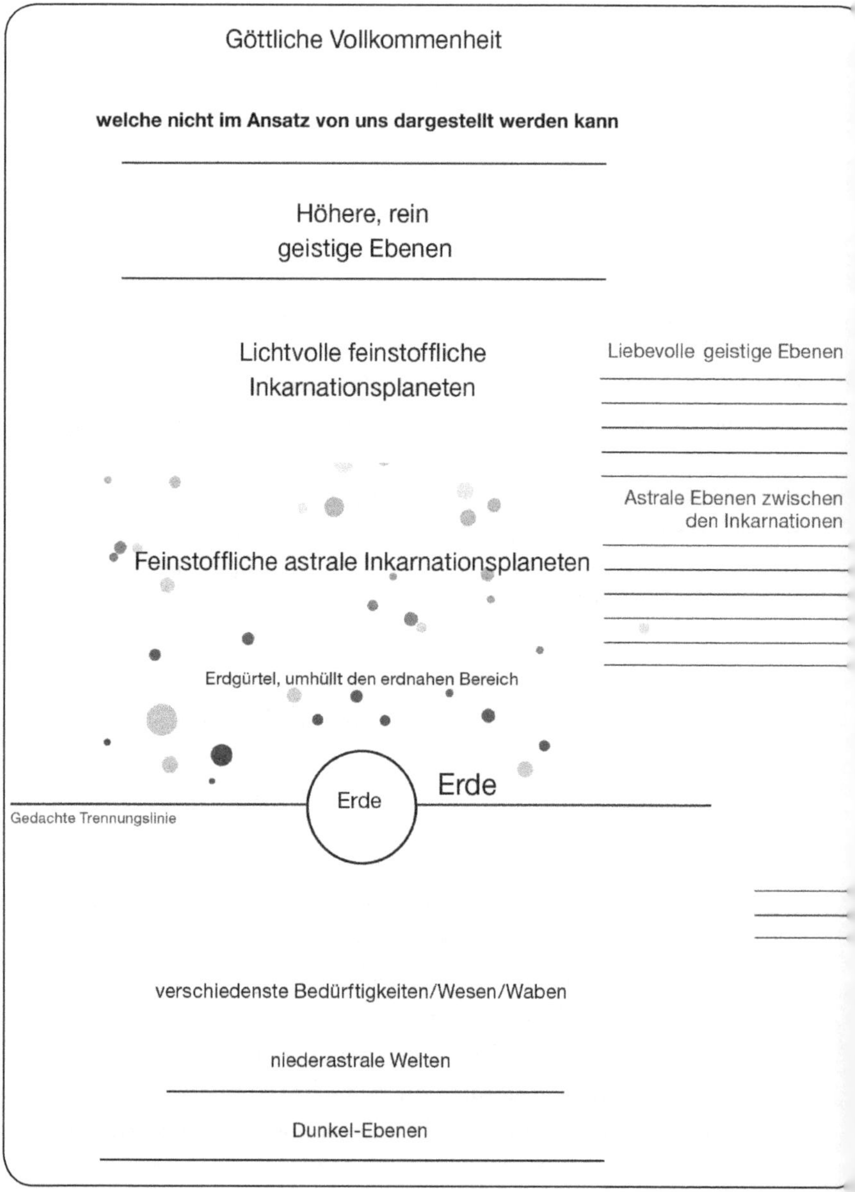

Im Wirkungskreis der Erde, innen und außen, befinden sich ebenfalls viele feinstoffliche Welten, Naturreiche und Ebenen, in denen sich neben den Naturwesen auch viele andere Geschöpfe entwickeln. Alle Planeten sind von mehreren Schwingungsebenen umgeben, in denen sich Leben befindet.

Die Erde nimmt eine ganz besondere Stellung ein, da sie als Inkarnationsplanet die unterste Dichte erreicht hat. Sie wurde dadurch zu einem Bindeglied zwischen den oberen und unteren feinstofflichen Ebenen. Derzeit ist die Erde der einzige bekannte Planet, der alle Zugänge in die niederastralen Ebenen ermöglicht, ebenso wie die Verbindung in alle höheren Ebenen.

Der irdische Körper beinhaltet nicht nur alle Aspekte dieses Planeten, wie die der Mineralien, Pflanzen und Tiere, sondern er besitzt auch alle emotionalen, gefühlsmäßigen und geistigen Zugänge, die erforderlich sind, damit ein Körper aufsteigen kann. Aufstieg bedeutet die Erhöhung und somit Rückkehr der Stofflichkeit in die feinstofflichen Ebenen. Durch die Christuskraft ist er mit der Seele und den göttlichen Energien verbunden. Durch das Reifen und Erkennen des Egos mit allen Emotionen ist die Bewusstwerdung jeglicher Aspekte des Seins möglich. Diese Gesamtkomposition, vor allem der emotionale Ansatz, ist unbedingt erforderlich, wenn ein verdichteter Körper als ein Teil der Schöpfung aufsteigen und heimkehren möchte: Aufstieg als Rückkehr in die Feinstofflichkeit. Dieses Mal wird der ganze Planet Erde diesen Aufstieg mit all den Menschen meistern, welche sich den erforderlichen Grad an Liebe erarbeiten konnten. Dies ist ein außergewöhnliches Geschehen, welches von vielen liebevollen Wesen begleitet wird. Höchste Engel unterstützen den gesamten Prozess.

Lichtvolle Wesen können alle Ebenen unter ihnen durchschreiten. Ein niederastrales Wesen kann aber nicht in lichtvolle Ebenen gelangen, es würde verglühen. Aus diesem Grund sollte während der geistigen Ablösung eines niederen Wesens dieses niemals „ins Licht“ geworfen werden. Es müsste grausame Qualen erdulden. Es sollte unbedingt den höheren Wesen, der Geistigen Führung, übergeben werden, damit es genau dorthin gebracht werden kann, wohin es seiner Schwingung entsprechend gehört. In welche Ebene, können wir mit unserem begrenzten Tagesbewusstsein in den seltensten Fällen wirklich erfassen.

Auf unserem Bild befinden sich unterhalb der imaginären Trennungslinie die Welten der niederen astralen Reiche. Die Ebenen werden auch hier nach unten immer dichter, man kann jedoch eine Grenze ausmachen, die keinen weiteren Fall mehr erlaubt. Es scheint fast so, als hätte die Göttlichkeit einen weiteren Sturz in die Gottferne aufgefangen – und niemand kann in der Folge noch tiefer stürzen.

Hier befinden sich auch sehr intelligente „Astralfürsten" und Dunkelwesen, die willentlich nach menschlichen Gehilfen suchen und diese, im Austausch für weltliche Macht und Magie, zu Dienern ihrer niederen Triebe ausbilden und formen. Übergibt ein Mensch in Ritualen, Schwüren oder Eiden seine Seele einem solchen Dunkelwesen, kann er auf der Erdenwelt durchaus zu Macht gelangen, aber danach sitzt er für lange Zeit in einer erbärmlichen und schmerzlichen Falle. Auch Opferungen, welche der Energiespeisung dieser Wesen dienen, binden den „Täter" mehr als das Opfer an die dunkle Seite. Leider machen sich solche machthungrigen Menschen diese Gesetzmäßigkeit nicht bewusst oder wissen einfach nicht davon. Sie unterliegen ihren Begierden und niederen Aspekten und realisieren erst, wenn es zu spät ist, was hier überhaupt vor sich geht. Es gibt eine bestimmte Geheimloge, welche ihren „Mitgliedern" zu Lebzeiten sehr viel Macht verspricht. Sie erhalten genügend feinstoffliche Wesen an die Seite, ähnlich wie Schutzengel, aber im umgekehrten Sinne, welche ihnen im Vorfeld viele Vergünstigungen zukommen lassen. So werden politische Gesetze, welche der negativen Seite dienen, schneller durchgebracht oder Vorgaben für den angestrebten Machterhalt stabilisiert. Beenden solche Menschen das Erdenleben, müssen sie absteigen und werden in der Folge selbst zum Diener der nächsten machthungrigen

Menschen. Haben sie ihre Seele verkauft, wird sie ihnen auch abgenommen. Das ist ein übles Los. Doch auch hier kann die Liebe und Hilfe Gottes nach einer gewissen Zeit wiedererlangt werden.

Auch „Energiewaben", auf der Suche nach negativen menschlichen Emotionen als Seelennahrung, sitzen im erdnahen Feld. Sie versuchen, die Menschen zu manipulieren beziehungsweise ihre Schwächen zur Produktion niederer Energie zu aktivieren. Suchtwesen in panikartiger Gier nach Energie findet man hier genauso wie noch völlig unbewusste Einheiten.

Über der Trennungslinie befinden sich die ersten und untersten astralen Ebenen (als Striche rechts im Bild auf Seite 52 gekennzeichnet). Sie sind so umfangreich, dass sie nicht dargestellt werden können. Ihre Anzahl ist nicht zu erfassen, und je liebevoller eine Ebene schwingt, umso näher rückt sie an die darüber folgende geistige Ebene. Eine weitere Darstellung sind die Inkarnationsplaneten (als Punkte um die Erde markiert). Auch deren Anzahl kann nur angedeutet werden.

Hier gilt es, einen wichtigen Unterschied zu beachten. Inkarnationsplaneten sind stets Welten, auf denen sich die Wesen weiterentwickeln und schulen, die sich auf dem Heimweg in die höheren göttlichen Welten befinden. Hier findet die Lernerfahrung durch *Inkarnation* statt, was immer eine Verkörperung in die jeweiligen Planetenkörper beinhaltet. Im Gegensatz zu den feinstofflichen/geistigen Ebenen, welche zwischen den jeweiligen Planetenerfahrungen bewohnt werden. Von hier aus kann man inkarnieren, muss aber nicht. Es ist möglich, sich ausschließlich in den jeweiligen Schwingungswelten weiterzuentwickeln, jedoch dauert dieser Weg deutlich länger. Nach einer Inkarnation, durch welche viel gelernt wurde, können solche Ebenen teilweise übersprungen werden.

Über den als Punkte markierten Inkarnationsplaneten befinden sich weitere höhere astrale, dann mentale Planeten, welche nur erreicht werden können, wenn man bereits über eine starke Liebesqualität verfügt und die Tugenden stabil entwickeln konnte. Je liebevoller ein Mensch auf seinem weiteren Weg in die Vollkommenheit schwingt, umso höher kann er seinen Inkarnationsplaneten wählen. Ab einer bestimmten Liebesqualität existieren in den höheren Ebenen keine Inkarnationsplaneten mehr. Es sind rein geistige Ebenen, welche sehr bewusst erlebt werden.

Die meisten Inkarnationsplaneten beinhalten nur eine bestimmte Schwingung, weshalb auf ihnen auch nur eine bestimmte Qualität ausgebildet werden kann. Auf der Erde sind alle Entwicklungsmöglichkeiten gegeben, alle emotionalen Aspekte können gewandelt und alle Tugenden erlangt werden. Man kann die Erde auch als Heimkehrplanet bezeichnen. Wurde der Inkarnationsweg begonnen, wird er meist auch bis zur Erlangung aller Tugenden beibehalten.

Zwischen den Erkenntnis- und Schulungsleben auf den jeweiligen Planeten begeben sich die Menschen in die geistige Heimat. Sie werden ihrem jeweiligen Schwingungszustand entsprechend von diesen Ebenen angezogen. Die eigentliche Heimat aller Seelen und Wesen sind geistige Ebenen.

Wenn jemand sagt, er komme vom Planeten „Soundso“, kann das gleichsam betrachtet werden, als würden Sie selbst als derzeitige/r Münchner/in sagen: „Ich komme aus München.“ Es kann sein, dass man auf einem bestimmten Planeten viele Male inkarnieren durfte und eine tiefe Beziehung fühlt, jedoch sind auch diese Welten *Inkarnationsplaneten*. Die wahre Heimat befindet sich in den geistigen Ebenen. Zu ihnen kehrt man zwischen den Leben zurück. In ihnen reift man weiter, wenn man die Liebe und das Bewusstsein weiter entwickeln konnte. Wenn unsere wirkliche Heimat, der Ursprung allen Seins, als das Göttliche Vater-/Mutterhaus betrachtet wird, sind auch die jeweiligen Geistigen Welten auf unserem Weg nur Zwischenstationen zum eigentlichen Ziel.

# Ein Planetenbesuch

Das folgende Erlebnis möchte ich hier berichten, da es für mich einen wichtigen Aspekt einer neuen Erkenntnis beinhaltete und mich zutiefst erfüllte und beeindruckte. Dazu möchte ich ein paar Informationen vorausschicken.

Durch das innere Sehen und Fühlen in der Kindheit war mir die Geistige Welt in meinem Leben immer sehr nahe. Das intensive Sehnen nach höheren Wahrheiten erfüllte schon sehr früh mein Leben – und mein Herz schlug für den Geistigen Weg.

Mir wurde als Jugendliche bewusst, dass die meisten meiner Mitmenschen die energetische Welt nicht wie ich in diesem Umfang wahrnehmen konnten. Ich versuchte immer, die verschiedenen Energien und Schwingungen irgendwie einzuordnen, wobei mein Umfeld teilweise gar nicht wusste, wovon ich sprach. Glücklicherweise fühlte ich, dass dennoch alles in Ordnung mit mir war – nur eben etwas anders.

Bereits sehr früh wurden mir im Tagesbewusstsein meiner jetzigen Persönlichkeit größere Einblicke hinter den Schleier der Materie gewährt. Einige Erfahrungen mit Wesen und auch Verstorbenen hatte ich bis zu diesem Zeitpunkt bereits hinter mir, als ich weitere Erkenntnisse erleben und erfahren durfte.

Die erste bewusste astrale Reise fand mit der Hilfe und Unterstützung von sechs geistigen Helfern statt. Mein Bewusstsein erwachte im liegenden Körper, und ich sah, wie ich langsam aus dem grobstofflichen Körper waagerecht nach oben gehoben und dann mit meinem Astralkörper auf die Beine gestellt wurde. Mir war bewusst, was geschah, doch ich fühlte mich getragen und sicher. Die sechs Helfer befanden sich im Kreis um mich herum, und ich vermutete, sie prüften meinen energetischen Zustand. Es schien alles in Ordnung zu sein, und wir machten uns auf den Weg. Ich konnte spüren, wie wir die grobstoffliche Ebene verließen. Es war ein zartes Durchschreiten ohne irgendein Ziehen oder Unwohlsein. Sie erklärten mir, dass sich um die Erdoberfläche herum eine Art Energiegürtel befindet, in dem sich verschiedene Wesen aufhalten und Schwingungen zeigen können. Dieser Erdgürtel sei die erste Ebene im Feinstofflichen, und von ihm aus könne man sowohl in die niederen astralen Ebenen reisen als auch in die höheren. Ein liebloses Wesen könne nicht in die höheren Ebenen gelangen, da es verglühen würde. Ein lichtvolles Wesen jedoch kann immer in die unteren Ebenen gelangen, wenn es seine Aufgabe ist.

Meine geistigen Begleiter unterrichteten mich im Umgang mit den Wesen im Erdgürtel. Man könnte sie auch als Durchgangszone in die feinstofflichen Welten und geistigen Ebenen bezeichnen. Hier existieren lichte Wesen ebenso wie dunkle. Auch die „grauen Eminenzen", wie ich einige Dauerbewohner dieser Ebene bezeichne, befinden sich darin. Verschiedene Energiewaben durchziehen diese Ebene in dem Bemühen, sich von emotionalen menschlichen Schlacken zu ernähren. Verstorbene können sich im Erdgürtel ebenso aufhalten wie lieblose Dunkelwesen; im Kontrast dazu aber auch lichtvolle Wesen, die mit ihrer Anwesenheit und Schwingung die Erdenebene verbessern. Im Erdgürtel befinden sich auch Wesen, die sich sehr gerne an so genannte Medien heften, wenn sich diese in Unkenntnis über diese Hintergründe für Botschaften oder Hinweise der „Geistigen Welt" öffnen. Man nennt diese Wesen auch Fopp-Geister. Sie sind nicht unbedingt schlecht, jedoch im Erdgürtel stecken geblieben. Um ihre niederen Ego-Anteile zu befriedigen, gaukeln sie nicht selten einem unerfahrenen Menschen astrales Licht vor oder zeigen ihnen Gesichter von sogenannten Heiligen.

In dieser Ebene durfte ich erleben, welche Schutzschwingung die Anwesenheit von reiner Liebe bedeutet. Am Anfang umgaben mich meine liebevollen Lehrer und Beschützer vollständig, wenn sich ein Dunkelwesen näherte. Sie erschufen ein gemeinsames Feld aus Licht und strahlten eine solche Kraft an Liebe aus, dass sich kein niedrig schwingendes Wesen annähern konnte. Diese fürchteten zu verglühen, und nach einer kurzen Beobachtung zogen sie meistens weiter. Niemals spielte sich dieser Schutz als Kampf ab. Stets war es „nur" die Anwesenheit höchster Liebe, welche uns den Weg ebnete und Zugriffe verhinderte.

Lange nach diesen ersten astralen Schulungsjahren wurden mir weitere Astral-Reisen ermöglicht, welche mit einer intensiven Erkenntnis für den weiteren Weg verbunden waren.

Hier möchte ich erwähnen, dass diese „Reisen" nicht von meiner Person willentlich eingeleitet wurden. Stets empfand ich sie als Geschenk. In meinem Inneren wusste ich genau, dass nicht der Eigenwille einer Person die Reisen einleiten sollte, sondern die Erlaubnis aus den Geistigen Ebenen erforderlich sei. An diese Weisung habe ich mich stets gehalten.

Eine Erinnerung an ein Todeserlebnis aus einer früheren Inkarnation erfüllte mich mit dem Wissen, dass der Mensch niemals aus eigenem Ermessen eine Astralreise einleiten sollte. In dieser Erinnerung sah ich mich als Mann, vermutlich im frühen Mittelalter. Er/ich kam zurück von einer nächtlichen Astralreise. Wie gewohnt, wollte ich in meinen Körper zurückkehren, doch ich stieß wie auf eine Mauer. Die Silberschnur, welche den Astralkörper mit dem grobstofflichen Leib verband, war direkt über dem Körper durchgebissen. Der Schock traf mich wie ein Blitz. Ein kleines Wabenwesen mit Zähnen und Klauen huschte davon. In der Richtung, in der es verschwand, sah ich eine schwarze Gestalt in der Ecke stehen, die mich das Grausen lehrte. Nach einigen Sekunden verschwand sie, und ich blickte zu meinem Körper. Ich konnte nicht mehr hinein, und langsam dämmerte mir, dass mein leibliches Leben nun zu Ende war. Viele Stunden kauerte ich vor meinem Körper, und die Emotionen und Gefühle, die mich durchzogen, sind kaum zu beschreiben. Noch heute erreicht mich ein Hauch dieser Gefühle, wenn ich daran denke. Dies erscheint erschreckend, doch die Erfahrungen, die ich daraus in vielerlei Hinsicht zog, erlauben mir heute, Astralreisen zu erleben, die sich in Harmonie mit dem Schöpferwillen befinden. Dadurch kann keine dunkle Gestalt irgendwelchen Schaden anrichten.

Auch bei dieser Reise wurde zu Anfang eine Art Energie-Check an meiner Person vollzogen. Gleichzeitig empfand ich es als eine Art „Einschwingen", vermutlich auch in die Energiebereiche, zu denen die Reise führte. Meine geistige Begleitung bestand bei dieser Reise aus zwei Wesen. Immer konnte ich die Nähe der Geistigen Welt fühlen, und es gab keine Unruhe oder gar ängstliche Empfindungen.

So kamen wir nach einer kurzen Reise durch andere Energieebenen auf einem feinstofflichen Planeten an, dessen Schönheit und liebevolle Ausstrahlung mich zutiefst berührte. Es wurde mir erklärt, dass auch dies ein Planet sei, auf dem geistige Wesen durch Inkarnation lernten und ihre geistigen Werte schulten. Diese Schulung beruht auf der Erfahrung von Liebe in ihren verschiedenen Ausdrucksformen.

Bevor ich zu den Bewohnern gebracht wurde, war es mir erlaubt, einen kurzen Einblick auf den Planeten selbst zu erhalten. Die liebevolle Ausstrahlung dieses Ortes drang in jede Faser und erfüllte mein ganzes Sein. Wir befanden uns über einer Wiese, in der ebenso wie auf der Erde Gras und Blumen wuchsen. Man hatte jedoch das Gefühl, als wollten sie in eine liebevolle Konversation treten und einen willkommen heißen. Das berührte mich zutiefst. Mir wurde klar, dass es in dieser Wiese keinen Stachel gab, durch den sich eine Pflanze vor einem Zugriff schützte, dass kein Tier existierte, welches von meinem Blut leben wollte, kein Biss mich durchdringen würde, etwa von einem Tier, welches in Angst geriet und um sein Leben fürchtete.

Wir kamen zu einem See, der so klar und rein war, dass man am liebsten sofort hineinspringen wollte. Auch hier wurde deutlich, dass beispielsweise keine Quallen mit giftigen Substanzen darin waren, und keine Tiere dort lebten, die einen menschlichen Körper für ihre Nahrung nutzen würden, weder im See noch sonst irgendwo auf dem Planeten. In der Ferne waren auch bewaldete Gebiete zu sehen. Die Landschaft war leicht hügelig, doch große Berge waren nirgends zu erkennen. Nichts war in der Natur gegen irgendetwas gerichtet, alles schwang miteinander, erhielt sich gegenseitig und war von großer Liebe durchdrungen. Die Tiere fraßen sich nicht gegenseitig, sondern ernährten sich ausschließlich vegetarisch und auch nur von stets nachwachsenden Ressourcen, ohne je eine Pflanze komplett aufzufressen. Man hatte das Gefühl, als könnte man alle Tiere streicheln. Sie kannten keine Angst und wurden von den dort lebenden Menschen zutiefst geliebt. Alles war wunderschön und farbenprächtig, eine Hymne an die Schöpfung.

Auch im astralen Umfeld gab es keine Energiewaben, die nur darauf warteten, ob man vielleicht eine negative Schwingung als Nahrungsquelle absonderte, beispielsweise durch Neid oder Missgunst. Man konnte auf diesem Planeten komplett ohne den Zugriff irgendeiner negativen Struktur leben.

Nach dieser wunderschönen Erfahrung wurde ich zu einer Art „Open-Air-Schule" geführt. Es war ein Ort, an dem sich die Menschen zusammenfanden, um zu lernen oder jemandem zu lauschen, der ihnen wichtige oder interessante Informationen vermitteln konnte.

Es war wunderschönes Wetter, nicht zu heiß, und die anwesenden Menschen saßen zwanglos auf verschiedenen Plätzen. Mir wurde zuvor mitgeteilt, dass auf diesem Planeten sehr viele Menschen lebten, jedoch bei diesem Vortrag nur einige davon anwesend waren. Gegenüber den Zuhörern war ein Mann zu sehen, der den Platz des Lehrers einnahm.

Die Menschen dort waren wunderschön anzusehen: Feingliedrig, zart, liebevoll und empfindsam. Ich fühlte mich willkommen, obwohl ich nur als eine Art Zuschauer und Zuhörer anwesend war. Es gab bis auf ein Lächeln in meine Richtung keinen weiteren persönlichen Austausch mit diesen Menschen.

Der Mann, der den Platz als Lehrer einnahm, war nicht als Mensch auf diesem Planeten inkarniert. Er kam als Gast und wurde liebevoll gebeten, seine Erfahrungen mitzuteilen. Es erstaunte mich, welch großer Respekt und Anerkennung diesem Mann entgegengebracht wurde. Die Intensität seiner Liebe war gleich groß wie die Liebe der anwesenden Menschen. Stärke und eine besondere Art von Gewissheit waren Hauptausdruck seines Energiefeldes. Es fiel mir in besonderer Weise auf, dass der Grad an Liebe in den Zuhörern sowie im Vortragenden in gleicher Intensität vorhanden war. Auch wurde deutlich, dass keiner der auf diesem Planeten inkarnierten Menschen jemals eine Inkarnation auf der Erde durchlaufen hatte.

Dann begann der Lehrer allerdings von seinem Inkarnationsweg auf der Erde zu erzählen. Er berichtete den Zuhörern von den starken Emotionen von Einsamkeit und Verlassen-Sein, während man ohne das Wissen um die göttliche Wahrheit und Weisheit den irdischen Weg beschritt. „Bewusstlos" drückte er es aus. Mitten hineingeworfen in die Bedürfnisse des Leibes, erzählte er vom harten Weg des Überlebens. Er sprach von Hunger, von Unterdrückung, von harter Arbeit für ein Stück Brot. Von Kindern, die er hatte, vom Hunger der Kinder und wie man ihm eine Hand abschlug, als er für seine hungernden

Kinder Essen stahl. Er sprach von Einkerkerung, von Folter und wie ihm ein innerer Funke tiefen Wissens um die Göttlichkeit das Leben immer wieder erleichterte und die Qualen überstehen ließ. Immer mehr wuchs in ihm das Wissen, dass es einen Weg der Liebe gab. Mitten im Erleben von Unterdrückung, Hass und Wahnsinn spürte sein Inneres, welchen Irrweg diese Vorgehensweise darstellte, in sich selbst und in anderen. Er fühlte zutiefst, dass nur die Liebe den Ausweg ermöglicht. Sein Herz wies ihm den Weg, und er lernte immer mehr das bedingungslose Vertrauen in die göttlichen Werte.

Er berichtete seinen Zuhörern, dass er durch verschiedene emotionale Schulen gegangen sei, seine eigenen Untiefen ausgelotet wurden und er dankbar nach einer gewissen Zeit die Weisung und den Weg zu höherer Liebe erfahren durfte. Er erzählte vom seinem Hass auf die Machthaber, von seiner Zerstörungswut, die ihn viele Jahre begleitete, aber auch von den Erkenntnissen, die ihn diese Emotionen überwinden lehrte. Er lernte durch den Einfluss liebevoller Schwingung, seinen Feinden zu vergeben, sich nicht mehr zu verbiegen, sondern so aufrichtig wie möglich sein Leben zu meistern. Er berichtete, dass ihm die dunkle Seite in seinem letzten Erdenleben die Macht als Führer eines großen Volkes angeboten habe, er müsse nur den Anweisungen der dunklen Seite folgen, dann stünden ihm die Tore der „Macht" offen. Er könne alles haben. Doch er lehnte ab. Hätte ihn die „Lichtseite" aufgefordert, das Volk zu führen, hätte er keine Sekunde gezögert. Ihm war klar, dass man nur als „Marionette", solange es der dunklen Seite genehm wäre, an der Machtspitze stünde, dass der Preis für diese Macht immer nur das Dienen für dunkle Kräfte beinhalten würde. Die Energie-Nahrung würde an diese Kräfte abgegeben und darin versinken, seine Seele würde absterben. Und welche Macht sollte das sein? Erfüllung des eigenen niederen Machthungers? Verherrlicht zu werden und sich von der Energie seines Volkes zu nähren?

Seine Seele speiste sich zu diesem Zeitpunkt bereits von den Schwingungen der Liebe. Diese Kraft erfüllte sein Wesen, und er hatte keinen Bedarf an übertriebenen irdischen Gütern. Diesen Versuch der dunklen Seite, ihn nochmals mit allen Bedürfnissen und Versuchungen des menschlichen Lebens zu konfrontieren, empfand er als letzte Prüfung seiner Seele. Er fühlte, dass er nun alle emotionalen Aspekte gestärkt hatte und war bereit, die Erdenschule abzuschließen. Die tiefsten Bereiche seiner Seele und seines Seins, alle Zweifel und Schwächen waren ausgeglichen. Er schwang stabil und sicher in der Liebe, auch wenn die dunkle Seite ihre Verführung erneut listig und hinterhältig zu starten versuchte.

Während dieser Erzählung konnte ich immer wieder die Reaktionen der Zuhörer/innen beobachten. Sie wechselten von blankem Entsetzen über teilweise völliges Unverständnis. Hier ging es nicht darum, dass sie ihm nicht glaubten, sondern sie konnten sich solche Gewalt, List, Angst, Machtgier oder Untugend einfach nicht vorstellen. In ihrer Welt existierten diese Emotionen nicht einmal im Ansatz. Keiner wusste, wie er sich selbst in dieser Situation verhalten hätte. Sie hatten großen Respekt vor ihrem Lehrer, da er die tiefsten Aspekte seiner Seele ausgelotet hatte und sich in der Stabilität und Sicherheit der Höchsten Liebe befand. Er würde keiner Taktik der dunklen Seite mehr erliegen, da er jegliche Formen der Verführung erlebt hatte. Die Liebe in seinem Inneren trug den „Sieg" davon. Er hatte sein Wesen bis in die tiefsten Ebenen durchforstet und gelernt, aus der Kraft des Herzens, in Harmonie mit dem höheren Willen, seinen Weg zu gehen.

Schlagartig wurde mir klar, dass von diesen liebevollen Menschen auf diesem Planeten keiner wusste, wie er selbst in den jeweiligen Situationen zurechtkommen würde. Keiner von diesen liebevollen Menschen hatte jemals Erfahrungen mit der lieblosen Seite gesammelt. Das Maß ihrer Liebe war so groß wie das ihres Lehrers, aber von den eigenen Reaktionen auf Mangel, Täuschung oder Brutalität innerhalb der „Bewusstlosigkeit" des menschlichen Lebens hatten sie keine Ahnung. Fast taten sie mir leid, wie sie da so saßen, erschrocken und entsetzt nach den Erzählungen von der harten Lebensschule. Es wurde deutlich, dass sich der ein oder andere Anwesende vermutlich bald auf die Reise durch die Inkarnationsschule begeben würde. Es war wohl das erste Sammeln von Informationen, und es war klar, dass sie sich freiwillig an diesen heutigen Informationsquell herangewagt hatten. Sicher wurde dieser Vortrag deshalb von der geistigen Führung angeboten, da es konkrete Bemühungen von mindestens einem der anwesenden Zuhörer gab, den großen Weg der Erkenntnis durch die Inkarnationen auf der Erde anzutreten.

Meine geistige Begleitung ließ mich fühlen, dass es Zeit war, den Heimweg anzutreten. In mir konnte ich immer noch die Erschütterung der anwesenden Menschen fühlen, die vermutlich noch eine Weile benötigen würden, um diese Informationen zu verdauen. Von Herzen übersandte ich ihnen mein Mitgefühl und meine liebevollen Gedanken.

Im Körper angekommen, wechselte ich sofort in den Wachzustand über. Erst eine Stunde später war mein Gefühlshaushalt wieder einigermaßen ausgeglichen, damit mein Körper weiterschlafen konnte.

Nach diesem Erlebnis durchströmten mich viele Gedanken und Fragen.

- Wenn wir die Information vom ersten Sturz aus der göttlichen Heimat zugrunde legen, kann man davon ausgehen, dass eine bestimmte Anzahl weiterer Engel und Wesen mitgerissen wurden. Ist es dann das Streben dieser Wesen, wieder nach Hause in das Vaterhaus zu gelangen, um dort erneut von der Energie Gottes genährt zu werden und mit ihm verbunden zu sein?
- Müssen sie dafür die Schule des Lebens meistern, damit sie für alle Zeit gefeit sind vor den Verführungen der lieblosen Seite. Muss auf diesem Weg das Innerste vollständig ausgelotet werden?
- Kann überhaupt erst durch das Vorhandensein dieser Schulungsstätte eine „Heimreisegenehmigung“ erlangt werden?

- Wenn man auf einem so schönen Planeten inkarnieren kann, ist das Maß an Liebe noch oder schon sehr groß. Ist es in so einem Fall überhaupt erforderlich zu wissen, ob man in direkter Konfrontation mit der Negativität stabil bleibt, oder ist die Erden-Inkarnation in solch einem Fall freiwillig?
- Fragen über Fragen…!

Eines jedoch war mir von diesem Moment an klar: Wir Menschen dürfen uns wieder bewusst werden, wie wertvoll die Erdenschule ist. Nirgends sonst kann die Konfrontation mit der dunkelsten Emotion derart erlebt und ausgelotet werden. Erst nach diesen Erfahrungen können wir wahrhaft wissen, wie stabil wir in der Liebe des Höchsten schwingen. Dann haben wir die Liebe Gottes im tiefsten Tal der Emotion erlebt – und unser Glaube wurde zur Gewissheit. Dies erlaubt die Überwindung aller negativen menschlichen Wesenszüge mit der Erkenntnis, dass wir Teil des Höchsten sind. Dann erfahren wir unsere wahre Heimat und befinden uns in liebevoller Gemeinschaft mit unseren Geistgeschwistern.

Die bisherige Ahnung wurde in mir zur Gewissheit: Nichts sogenannt Negatives, welches uns Menschen widerfährt, ist einfach nur zufällig oder willkürlich. Wir selbst haben uns diese Erkenntnismöglichkeit gewählt. Auch wenn die Prüfungen schwer und manchmal unüberwindbar erscheinen, so sind sie stets in Harmonie mit der Geistigen Welt für uns ausersehen, und wir haben immer die Kraft, diese zu meistern. Es stehen uns das ganze Leben hindurch liebevolle Wesen zur Seite. Wir dürfen uns ihnen anvertrauen und wissen: „Wir werden über alles geliebt."

Wieder einmal erfüllten mich diese Erkenntnisse mit Demut und Liebe. Große Dankbarkeit durchdrang mein Innerstes. Mir war klar, dass unser eigenes höheres Bewusstsein in Harmonie mit der Geistigen Führung die genauen Wege und Situationen plant und wir innerhalb der inkarnierten Persönlichkeit liebevoll mitgehen dürfen; ohne Stress oder falsches *Gut-Sein-Müssen*. Voller Vertrauen um die rechte Weisung ist es wichtig, sich allen Emotionen zu stellen. In Achtsamkeit um die Verschleierungen des Egos und im Hinblick auf die Hinweise der Geistigen Welt können wir getrost der Wahrheit entgegensehen. Kein Wesen, kein Mensch ist besser als der andere. Wir tragen alle dieselben Aspekte in uns; es kommt nur darauf an, ob wir sie erkennen und durchleuchten. Wir können uns von falschen Prägungen abnabeln und im Vertrauen auf die Wahrnehmung im eigenen Inneren, aus der Tiefe des Herzens, den Weg der Erkenntnis beschreiten.

Wir brauchen keine Angst zu haben, wenn sich in uns ein negativer Aspekt in den Vordergrund schiebt. Wir dürfen dies als Prüfung ansehen und wissen: All dies ist in jedem Menschen – es kommt nur darauf an, wie wir damit umgehen. Wenn wir zu Anfang vielleicht noch von allgemeinen Betrachtungen verführt werden, so ist dies überhaupt kein Problem. Es geht um die Erkenntnis, dass negative Strukturen selbstverständlich ihre Nahrungsquellen abschöpfen möchten. Alles dient dazu, die menschlichen Emotionen zu überwinden und die wahren Tugenden zu stärken.

Ein lichtvolles Wesen verurteilt niemals einen Menschen, wenn er innerhalb der Erdenschule von negativen Emotionen überwältigt wird. Stets nehmen sie uns liebevoll an und lassen uns ihre Liebe und Weisung fühlen. Im Gegenteil, sehr oft habe ich erlebt, dass gerade in Situationen, in denen sich ein Mensch komplett abgeschnürt fühlte von jeglicher Form der Liebe, die Geistige Welt in ganz besonderer und intensiver Weise die Liebe fließen ließ. Die ganze „Verurteilerei" ist eine Angstmache der negativen Seite, denn Angst und Hader verzerrt und verengt das Energiefeld des Menschen. Dadurch strömen die höheren Energien schwerer, und die dunkle Seite glaubt, größeren Einfluss zu erlangen.

Es ist äußerst wertvoll, die negativen Schlacken und angstvollen Verzerrungen der eigenen Persönlichkeit abzubauen und das gesamte

Sein in die Liebe zu bringen. Die Verdichtungen dienen der lieblosen Seite als Resonanzschwingung, und sie versuchen, in das persönliche System einzudringen. Man kann sie aber auch als „Sucher" oder „Boten" deuten. Gerade wenn noch kleine Verdichtungen tief in der Aura verborgen sind, bedarf es starker Dunkelkräfte zur Aktivierung. Deshalb kein Groll gegenüber dem Boten! Er zeigt nur auf, was noch vorhanden ist.

Wir Menschen haben alle Kraft in uns, jegliche negative Emotion zu überwinden und die höchsten Tugenden zu entfalten. Wir dürfen die alten Prägungen der Minderwertigkeit auflösen. Sie wollen uns in den alten Strukturen halten, um ihren Machteinfluss zu festigen. Die Liebe ist immer die stärkste Kraft. Wir werden als Teile Gottes geführt und geliebt und dürfen uns vertrauensvoll auf die göttliche Weisung einlassen. Hierbei spielt es keine Rolle, ob sich ein Mensch aus den niederen astralen Ebenen nach oben entwickelt oder ob er aus lichteren Bereichen zur Erkenntnisgewinnung auf die Erde gekommen ist. Stets werden wir geführt, und die höchste Liebe strahlt immer an unserer Seite.

# Inkarnationen

Wir erleben zurzeit eine Welt, in der wir mit allen Kontinenten über das Internet informationstechnisch verbunden sind. Wir erfahren viele Vorgänge von der anderen Seite des Globus in einer Form, die in früheren Jahrhunderten nicht möglich war. Lassen wir die manipulierten Meldungen in dieser Betrachtung einmal beiseite, nehmen wir einfach die Möglichkeit der vielfältigen Informationen über die kulturellen und historischen Lebenswelten der Menschen. So vielfältig die Länder, Religionen oder soziale Gefüge der Menschen sind, so umfangreich sind auch deren energetische und geistige Beweggründe für eine Inkarnation auf der Erde.

Auf der Erde sind nicht nur die Heimkehrer aus den niederastralen Ebenen oder die lichten Wesen zu Prüfungszwecken inkarniert, es existieren noch viele weitere Lebewesen. Einige davon wollen wir betrachten.

- Es sind niederschwingende Menschen inkarniert, die zwar den Weg zurück in die Liebe des Schöpfers mit einer Seele gewählt haben, jedoch in ihrer Unbewusstheit und leichten Manipulierbarkeit den Anforderungen des Lebens sehr instabil und kraftlos gegenüberstehen. Je nach Fortschritt nähren sie die Schwingungen der Lieblosigkeit. Die egoistischen Anteile überwiegen, und das bewusste Streben nach den höheren Tugenden ist wenig entwickelt.

- Durch die Lieblosigkeit und Unbewusstheit der aktuellen Erdenschwingung ist es einigen Wesen möglich geworden, sich ebenfalls zu inkarnieren, obwohl sie aus höherer Sicht hierfür noch nicht geeignet sind. Es ist ihnen gelungen, eine Seele vor der ersten Inkarnation aufzuspalten und mit anderen ihrer Art zu teilen. Je mehr solcher Kollektivwesen eine Seele nutzen, umso schwächer wirkt die Seelenkraft des Einzelnen. Dies kann den Anschein erwecken, als hätten sie gar keine Seele. Leider sind ihnen die höheren Gefühle und Tugenden ziemlich fremd.
- Es ist einigen sehr negativen Wesen gelungen, in die Seelenmatrix einzelner Menschen einzudringen. Es werden Menschen besetzt, die sich in wichtigen politischen und wirtschaftlichen Systemen befinden. Sie versuchen so, ihre globalen Pläne einer Weltherrschaft umzusetzen. Auch wenn ihre Macht groß erscheint, so dienen sie dennoch einem Zweck – und das Göttliche hat auch diese Wege erlaubt. Ihren Möglichkeiten wird in Kürze ein Ende gesetzt.
- Auch Naturwesen ist ein Wechsel in die menschliche Entwicklungswelt erlaubt. Egal aus welcher Ebene das Wesen den Weg der Liebe als Mensch beschreiten möchte, es wird ihm in den meisten Fällen erlaubt. Es erhält eine Seele und kann somit in die Menschenevolution eintreten.
- Wir finden auf der Erde viele verschiedene körperliche Ausprägungen. Einige stammen ursprünglich von anderen Planeten. Sie wurden hierher gebracht, um sich ebenfalls den dunklen Kräften zu stellen, zu reifen und gegebenenfalls am Aufstieg teilzuhaben. Die Körper wurden genetisch so gestaltet, dass sie alle Vorgaben für den kommenden Aufstieg erfüllen. Innerhalb der verschiedenen Völker konnten immer die Menschen inkarnieren, die aus der wesensgleichen Ebene stammen. Durch die heutige starke genetische Vermischung in vielen Ländern ist es den unterschiedlichsten Seelen möglich geworden, in deren Bevölkerung zu inkarnieren. Das scheint aus geistiger Sicht sogar erwünscht und erlaubt zu sein. Eine Seele benötigt einen bestimmten Zugangscode der Gene, da-

mit sie in die jeweilige Bevölkerung inkarnieren kann. Deshalb achteten der Hochadel oder die Pharaonen besonders darauf, dass ihre Gene nur mit ihresgleichen vermischt wurden. Sie waren sich des genetischen Zugangscodes voll bewusst. In den Reihen der dunklen familiären Linien kann man inzwischen Familienmitglieder erkennen, die den Weg der Liebe wählen. Sie verändern nicht nur das genetische Erbe, sondern unterbrechen dadurch den negativen Machteinfluss und leiten eine Veränderung ein.

- Es sind viele Menschen auf der Erde, welche aus tiefer Erkenntnis die göttliche Liebe und die Entfaltung höherer Fähigkeiten erstreben. Zwischen den Erdenleben ruhen sie in der ihnen entsprechenden geistigen Heimat. Ihr Grad an Bewusstheit ist sehr unterschiedlich, die einen lassen sich teilweise kraftlos von der allgemeinen Schwingung leiten, die anderen erfassen mit geöffnetem Geist immer mehr weltliche Hintergründe und werden von der Geistigen Welt intensiv geführt.
- Es leben unter uns auch inkarnierte Seelen mit einem sehr starken Streben nach der göttlichen Heimat. Die Wertschätzung eines erhaltenen Erdenlebens erlaubt ihnen das zügige Voranschreiten und Erkennen der Wahrheit. Ihnen sind das Ziel der Wandlung negativer Emotionen und die Ausbildung der Tugenden voll bewusst. In wenigen Leben erreichen sie bereits große Entwicklungssprünge. Erkenntnisse in feinstofflichen Lebenswelten vollziehen sich deutlich langsamer, als die direkte Konfrontation mit den Auswirkungen der Negativität hier auf der Erde ermöglicht. Altes Karma kann auf der Erde durch Leid in kurzer Zeit aufgelöst werden, was in den feinstofflichen Ebenen einen langen Zeitraum einnehmen würde.
- Menschen, die zwischen den irdischen Inkarnationen auch auf anderen Planeten inkarnierten. Ihr Erfahrungsschatz ist vielfältig, und sie sind für die große Stufe heftiger Konfrontation gerüstet, welche ein Erdenleben in der jetzigen Zeit darstellt. Es bedeutet auch für sie sozusagen das „Abitur“ der Weltenschule. Danach geht das Studium in den geistigen Ebenen weiter.

- Wenn Menschen ihre Inkarnationen bislang auf anderen Planeten erlebten, könnte man sie als Außer-irdische bezeichnen. Viele von ihnen sind sehr liebevoll und weit entwickelt in ihren Tugenden. Sie unterstützen die Schwingung der Erde durch den Liebesfluss ihrer Seele. Wenn man bedenkt, dass sich die Heimat aller Menschen in den geistigen Ebenen befindet, könnte man sagen: Alle Seelen sind Außer-irdische. Sobald sie in einen Körper inkarnieren, sind sie dann irdisch. Der Körper ist die Erde. Es gibt Seelen, die sich seit Urzeiten auf der Erde inkarnieren, diese könnte man als Erdenseelen bezeichnen. Im Grunde kann alles ausgelegt werden, wie es für den jeweiligen Betrachter am besten erscheint. Wir können vielleicht nach den bisherigen Erfahrungen unsere Wahrnehmungen einteilen, doch befinden wir uns alle auf dem Lernweg. Halten wir nichts fest, lassen alles offen und übergeben wir es dem Fluss der Liebe.
- Lichtwesen, die es sich zur Aufgabe gemacht haben, die Menschen zu inspirieren. Viele davon haben die Versuchungen der negativen Seite bereits durchlaufen und sind stabil auf dem Weg der Liebe und Stärke. Sie wissen ganz genau, dass sie nicht mehr verführbar sind, und können somit in großer Stärke für das Gute auf der Welt wirken. Die einen wirken zurückgezogen und haben großen Einfluss auf das kollektive Erkenntnisfeld, andere wirken in der Öffentlichkeit und inspirieren die Menschen in ihrem Bewusstsein. Bereits durch ihre Anwesenheit auf der Erde wird die Strahlkraft der Liebe verstärkt, und sie dienen auf der Erde, in Harmonie mit der Geistigen Welt, für den kommenden Zeitenwandel.
- Es sind auch Menschen aus höchsten Lichtebenen inkarniert. Manche von ihnen haben noch nie eine Inkarnation auf der Erde durchlaufen. Sie stellen sich in einem einzigen Leben allen Herausforderungen und Emotionen. Dies ist in der heutigen Zeit besonders gut möglich, da die globale Vernetzung vorhanden ist und im Grunde täglich alles möglich wird und erlebt werden kann. Die komplette Verführungspalette eröffnet sich in kürzester Zeit.

Sie erfahren beispielsweise Neid, sind jedoch bereits nach wenigen Erlebnissen und im intensiven Durchforsten ihres Wesens in der Lage, diese Emotion zu überwinden. Sie lassen sich kurzzeitig vielleicht blenden und vertrauen den Machthabern und „Verkäufern", doch ihre Wahrnehmungen und das Begreifen erfolgen blitzschnell, und ihre Geschwindigkeit der Erkenntnis ist einzigartig. Sie durchlaufen die Emotionswelt im Schnelldurchgang. Sind sie fertig, wissen sie bis in die tiefste Faser ihres Seins um die geistigen Hintergründe und die Ausgestaltung dieses Weges.

Aus der Astralebene wirken vielfältige Wesen auf den Planeten ein. Doch ihr Einfluss ist begrenzt. Einen Menschen in Liebe können sie nicht verführen.

Die Anzahl der lichten Wesen in den feinstofflichen Ebenen um den Planeten ist um ein Vielfaches größer als die der lieblosen. Die Liebe verstärkt sich immer mehr, nicht nur in den Menschen, auch in allen Schwingungsebenen um den Planeten.

Die oben genannte Auflistung stellt nur einen Bruchteil der vorhandenen Vielfalt dar. Auch Worte können nur ansatzweise die Wege der Entwicklung beschreiben. Jede Information, die wir für den geistigen Weg erhalten, bedeutet stets ein Geschenk aus einem weit größeren Wissensschatz.

Es wurde von ernsthaft Suchenden immer wieder bestätigt, dass sie eine Phase von absoluter Niedergeschlagenheit und Depression erlebten, nachdem sie erfuhren, welche Mächte sich hinter vielen Regierungen und Herrscherelitén befinden; welche Wesen hinter den Kulissen die Fäden ziehen und wie zerstörerisch die unbewusste Menschheit mit unserem Planeten umgeht. Es sind starke Seelen, seit der Kindheit auf dem Weg der Erkenntnis und auf der Suche nach den geistigen Hintergründen, und doch sind sie für eine kurze Zeit in das „Loch der Erkenntnis" gefallen. Das ist vermutlich eine gesunde und normale Reaktion. Es bedarf großer Stärke, die Wahrheit auszuhalten. Deshalb ist es sehr wichtig, dass wir Mitmenschen, welche diese Kraft noch nicht in sich tragen, die wirklich tiefen Hintergründe nicht mitteilen. Sie entscheiden selbst, wann sie danach fragen, die entsprechenden Bücher lesen oder sich das Wissen über alternative Medien oder Internet-Portale holen. Diese Wertschätzung und Achtung der Erwachten ist äußerst wichtig.

Sobald wir glauben, wir wissen genügend oder kennen uns hier und da besonders aus, befinden wir uns mitunter schon wieder auf dem Rückweg. Wenn man seinen Erfahrungsreichtum aus dem Ego lautstark und penetrant anderen Menschen aufdrücken möchte oder sie gar umzustimmen versucht, befinden wir uns auf einem Ego-Trip und missachten die freie Entscheidung jedes Menschen. Die Wahrheit drückt nicht, muss sich nicht rechtfertigen. Sie bleibt ruhig. Der Mensch, der sie vertritt, wird vielleicht traurig, dass so wenige seiner Wahrheit zustimmen können, doch ist er sich stets der Verantwortung bewusst, welche das höhere Wissen mit sich bringt. Man muss als Mensch eine gewisse Stärke entwickelt haben, ansonsten kann man mit der Wahrheit schwerlich umgehen.

Bleiben wir offen für weiteres Neues, zurren wir das bisherige Wissen nicht fest, sondern gehen wir flexibel und beweglich weiter. Lassen wir Andersdenkende ziehen, hören uns vielleicht an, was sie zu sagen haben, jedoch entscheidet die Weisheit im eigenen Herzen, ob wir deren Erfahrung annehmen möchten oder nicht. So ist auch dieses Buch zu verstehen: Eine Weitergabe an bisher Erfahrenem und Erlebtem. Ein Angebot, welches angenommen werden kann, wenn man es als Wahrheit im Herzen fühlt. Wir können voller Gewissheit sein: Es geht immer weiter; und es gibt noch vieles, was wir erfahren werden. Die Freude um weitere Erkenntnisse und die Suche erfüllt das Herz, jedoch immer in Ruhe und Liebe.

# Eine niederastrale Ebene

Im vorigen Kapitel haben wir ansatzweise zusammengefasst, welche Inkarnationsmöglichkeiten bezüglich des geistigen Fortschrittes gegenwärtig auf der Erde möglich sind. Zu diesem Thema möchte ich von einer Reise in eine niederastrale Welt berichten. Es gibt viele Welten und viele Ebenen, dennoch war dieses Erlebnis ein wichtiger Meilenstein für meine persönliche Erkenntnis.

Hier möchte ich einfügen, dass die feinstofflichen Wahrnehmungen nicht nur mit schönen Erlebnissen gepflastert sind. Zu Beginn jedes neuen Erkenntnisfeldes erfolgt zuerst die entsprechende Reinigung im persönlichen Energiefeld. Die eigenen „Dämonen“ müssen aufgearbeitet und jegliche lieblose Betrachtung der Schöpfung geläutert werden. Darin sind neben Angriffen von Dunkelwesen auch Prüfungen enthalten, durch die man vielleicht beim ersten Mal mit Pauken und Trompeten durchrasselt. Sobald man das Schöne der Geistigen Welt wahrnehmen kann, wird man auch mit dem Negativen konfrontiert. Die geistige Arbeit kann ohne die Liebe für die negativen Aspekte nicht umgesetzt werden.

Eines Nachts erwachte ich spontan mit meinem Bewusstsein im Astralkörper neben meinem schlafenden irdischen Körper. Dieses Mal befand sich nur ein Wesen an meiner Seite, jedoch mit äußerst starker Präsenz. Meine Erinnerungen sind wie bei allen astralen oder geistigen Reisen auch nach vielen Jahren klarer und detaillierter als so manches Erlebnis in meinem Bewusstsein im Alltag. Im Astralkörper funktionieren deutlich mehr Wahrnehmungsebenen. Vermutlich ist das Bewusstsein dort freier und wird nicht von den vielfältigen irdischen Feldern beeinträchtigt.

Der Antritt dieser Astralreise gestaltete sich deutlich anders als die bisherigen. Die Möglichkeit der freien Entscheidung, ob ich weitergehen möchte oder nicht, war noch nie so deutlich wahrnehmbar wie bei dieser Reise. Es waren eher Impulse, die ich annehmen oder ablehnen konnte. Meine Begleitung würde in jedem Fall bei mir sein. Es öffnete sich ein Energieportal, durch das ich schreiten konnte, und nach kurzer Zeit gelangte ich an eine Art Treppe. Ich wusste, dass jegliches Treppen-Absteigen immer damit verbunden war, in niedere astrale Ebenen hinabzusteigen. Ohne Genehmigung der Geistigen Welt oder der lichtvollen Begleitung sollte niemand diesen Weg aus eigenem Ermessen beschreiten. Vielleicht ist eine Treppe auch symbolisch zu betrachten, doch diesmal war sie deutlich zu sehen – und es ging abwärts.

Ein kurzes Fühlen zu meiner geistigen Begleitung und in das Herzwissen, ob der Abstieg in Harmonie mit dem Schöpferwillen schwang, vermittelte mir Gewissheit: Es ging weiter nach unten. Immer wieder vergewisserte ich mich, ob noch alles in Ordnung sei. Klar und deutlich konnte ich den Schutz und die Liebe der Geistigen Welt fühlen. Gleichzeitig nahm ich auch ein sehr mulmiges Gefühl wahr. Ohne die fühlbare und schützende Liebe meines Begleiters wäre ich wohl nicht weitergegangen.

Bald darauf zeigte sich ein holzartiges Portal, das in einen großen „Raum" mündete. Dort blieb ich stehen. Die Wände erschienen wie lebendige Felsen, braun und düster, man konnte weit in die Ferne sehen, ein Ende oder auch eine Decke waren nicht in Sicht. Den Boden bedeckte eine dicke, zähflüssige Masse. Diese ölige Substanz war vollkommen schwarz, und man konnte viele kleinere Erhebungen sehen. Erst nach einigen Sekunden erkannte ich, dass die Erhebungen aus Köpfen bestanden, vollkommen bedeckt mit dem schwarzen Öl und eng aneinander gedrängt. Meine Gefühle schwangen zwischen atemlosem Schreck und Erstaunen. Glücklicherweise war ich mir der liebevollen Schutzenergie stets bewusst.

Bereits nach wenigen Sekunden zeigte sich in einiger Entfernung vor mir eine Veränderung. Einer der Köpfe schob sich langsam aus der öligen schwarzen Masse hervor, das Öl tropfte von den Augen ab. Er konnte sie öffnen, und nach kurzer Zeit waren der Hals und die Schultern zu sehen. In meinem Inneren erlebte ich all die Gefühle und Gedanken, die in diesem Wesen gerade vor sich gingen. Er sah sich um und realisierte, dass er sich im Umfeld vieler anderer eingetrübter Geister befand. Es war, als hätte das schwarze Öl selbst ein Bewusstsein und wollte das sich erhebende Wesen nicht ohne Weiteres loslassen. Jedoch war der freie Wille des Erwachenden die Triebkraft dieses Geschehens, nichts durfte ihn aufhalten. Es herrschten auch hier klare Gesetze.

Das sich erhebende Wesen fühlte sich männlich an. Seine Wahrnehmung, dass seine derzeitige Lage und der Ort nicht dem entsprachen, was sein Inneres wollte, war deutlich fühlbar. Seine Gedanken waren: „Das kann es nicht sein, es muss mehr geben!“ Sein Herz war durchdrungen von einer starken Sehnsucht, die wie ein Hilfeschrei aus der Tiefe des Seins wirkte. Es erfasste auch mein Innerstes, und ich spürte sein Sehnen nach Liebe, nach Angenommen- und Beachtet-Werden. Eine lichte Erkenntnis durchdrang ihn, und er gab sich nicht mehr mit seinem aktuellen Zustand zufrieden. Sein Geist wirkte vernebelt und seine Gefühle wirr, doch sein Streben nach einem höheren Weg war deutlich zu spüren.

Plötzlich öffnete sich einige Meter über diesem Wesen ein großer Spalt, wie aus dem Nichts. Ein leuchtendes Licht war zu sehen, und eine Art „Arm" griff aus diesem Leuchten heraus. Eine Hand umfasste das Wesen und zog es vollkommen aus seiner öligen Ummantelung. In dieser Sekunde schwang in ihm ein intensives Gefühl der Dankbarkeit. Sie war auch für mich so stark fühlbar, dass es mir die Tränen in die Augen trieb. Dieses Wesen erfasste vollkommen, dass es gerade von der Liebe aufgenommen und seine Gebete erhört worden waren. Das Öl tropfte noch restlos ab, und der Licht-Arm zog sich mit ihm in die Öffnung zurück. Der Spalt schloss sich, und alles erschien wieder wie zuvor mit all den anderen mit schwarzem Öl bedeckten Köpfen.

In diesem Moment konnte ich die Tragweite dieses Geschehens noch nicht wirklich erfassen. Zu stark hallten die Gefühle in mir, und die Umgebung erzeugte nun wieder stärkeres Unbehagen. Nur eines war mir bewusst, ich durfte einem wichtigen Geschehen beiwohnen und miterleben, wie die Gnade des Höchsten und die Liebe der Geistigen Welt allen Wesen, die es wünschen, den Heimweg ermöglichen. Nichts Negatives bleibt dauerhaft fixiert. Jede Erkenntnis mit dem wahrhaften Streben nach der Liebe öffnet die Tore für den Heimweg. Die höchste Weisheit bahnt sich ihren Weg, sodass auch die scheinbar in die Lieblosigkeit gestürzten Wesen niemals gänzlich losgelassen werden. Das Göttliche durchdringt jegliche Tiefe und holt die Gefallenen heim, wenn sie bereit sind.

Man kann sich vorstellen, dass ich mich beim Heimweg nach oben schneller bewegte als nach unten. Innerhalb kurzer Zeit kam ich durch das Portal wieder in ein entspanntes Umfeld. Hier bemerkte ich erst, wie sich mein Energiefeld innerhalb dieser unguten und lieblosen Emotionen in der Tiefe zusammengezogen hatte. Ich war völlig verspannt, obwohl die Lichtkräfte mich stets umhüllt hatten.

Die liebevolle Präsenz, die mich begleitet hatte, blieb noch einige Zeit bei mir, und ich konnte mein aufgeregtes Gemüt mit seinen Antworten auf meine Fragen beruhigen. Er erklärte mir, dass dieses Wesen von der Göttlichen Führung nun eine Seele erhalten würde, mit der er den Inkarnationsweg antreten durfte. Diese Seele würde ihm Wegweiser und Führer sein, über welche die Geistige Welt ihm stets die rechten Impulse für seinen Weg vermitteln würde.

Am Anfang des Inkarnationsweges würden die Impulse der Seele noch schwach wahrgenommen, jedoch sei über das Gewissen stets der Weg der lichtvollen Führung zu erkennen. Die Kraft und die Wissensimpulse würden sich von Lernerfahrung zu Lernerfahrung immer mehr vergrößern. Dies beruhigte mich ungemein, da ich großes Mitgefühl für das Wesen entwickelt hatte, welches gerade dem dunklen „Öltümpel" entronnen war. Auch wenn ich noch einige Tage benötigte, um meinen Gefühlshaushalt wieder vollständig zu regenerieren, so war ich doch sehr dankbar für diese Erfahrung. Die Gewissheit, dass die Liebe Gottes stets die höchste und stärkste Kraft darstellt, blieb von da an immer mein unerschütterlicher Begleiter.

Das lichtvolle Führungswesen teilte mir noch mit, dass dies nur ein Ausschnitt unendlicher Möglichkeiten sei, wie ein Weg zurück in die Liebe begonnen werden konnte. Die einen sind mit dem „Ur"sturz in die Dunkelheit gefallen, die anderen sind durch lieblose Taten abgestürzt. Die einen fielen bis in die niederste Ebene, andere in Zwischenwelten. Manche seien nicht in die niederastralen Ebenen abgestürzt, sondern befänden sich in erdnahen Gefilden. Niemals sollte ich nur einen Ausschnitt von Wissen auf alles beziehen. Gottes Wege seien vielfältig. Dafür war ich dankbar und blieb weiter offen für Neues oder Anderes.

# Göttliche Liebe

Auch beim Aspekt der höheren Liebe möchte ich auf eine persönliche Erfahrung zurückgreifen. Wir wissen, dass wir alle Teil der Göttlichen Vollkommenheit sind. Egal ob wir uns aus den niederastralen Ebenen hochgearbeitet haben oder uns aus den höheren geistigen Ebenen zu Schulungszwecken oder zur Transformations-Mithilfe auf der jetzigen Erde befinden: Grundsätzlich stammen wir alle aus dem „gleichen Topf". Das mag seltsam erscheinen, jedoch wenn Gott alles, was existiert, in sich hält, und seine Schöpfung Abbild von ihm selbst ist, wird diese Betrachtung verständlich.

Der Grad an Liebe macht den Unterschied. Die Tiefe des Sturzes aus der göttlichen Liebe oder die Unbewusstheit, die Manipulationen oder fremden Prägungen entfernen den Menschen aus der göttlichen Geborgenheit. Erlangen wir diese Liebe zurück, werden wir automatisch wieder Teil der göttlichen Kraft. Die göttliche Liebe mag uns fern erscheinen, wenn wir den Überlebenskampf aller Wesen auf dieser Erde betrachten, doch steckt vielleicht das Erwachen aus tiefster Bewusstlosigkeit dahinter. Träge Anteile erfahren vielleicht durch den Überlebensinstinkt die notwendige Kraft und Intelligenz, welche als Basis für die Rückkehr bestimmter Bereiche notwendig sind. Wenn gefallene Anteile im Tiefschlaf schlummern, benötigen sie vermutlich diesen Antrieb. Hinter all diesen Vorgaben schwingt die Weisheit des Göttlichen.

Die Liebe ist vermutlich höchster Ausdruck der Göttlichkeit, sicher nicht nur ein Ausdruck oder Aspekt, sondern die manifeste höchste Kraft und Ordnung. Mit dem körperlichen Tagesbewusstsein wird die Liebe wohl schwerlich in ihrer ganzen Fülle zu überblicken sein, jedoch können wir mit den tiefsten Fasern unserer Seele fühlen, dass die Liebe der Weg zurück in die höchste Ordnung ist und unser oberstes Ziel darstellt. Der Weg nach Hause zu Gott über unser Herz ist uns immer möglich. Es wurde uns gesagt: „Gott ist die Liebe." Wenn wir sie also in uns selbst fühlen und entdecken, sind dies die göttlichen Aspekte in uns.

Meine ersten prägenden Erfahrungen göttlicher Liebe habe ich auf der *anderen Seite* erlebt. Manche bezeichnen diese Ebenen als Jenseits. Das mag stimmen, wenn wir das grobmaterielle Leben als Diesseits und das Jenseits als die Ebenen betrachten, in denen sich auch unsere sogenannten Verstorbenen aufhalten. Es existieren ebenso Geistige Welten mit Menschen, deren Ziel nicht den Weg über die Inkarnationen beinhaltet. Unendlich viele Ebenen unterschiedlichster Dichte erfüllen die andere Seite. Vermutlich verfügen nur die höchsten Engel über einen vollständigen Einblick.

Im Kapitel „Ein Planetenbesuch" habe ich von den ersten Gehversuchen auf der anderen Seite berichtet, die von sechs geistigen Wesen unterstützt und geleitet wurden. Die Schulung dauerte mehrere Monate. Immer wieder konnte ich erleben, dass die liebevolle Strahlkraft meiner Begleiter alle dichten Wesen auf Energiesuche am Näherkommen hinderte.

Es war der Schutz der Liebe, welche zwar als Licht strahlte, jedoch immer als Liebe fühlbar war; als tiefes Ergreifen der Gefühlsebene, durchdrungen von Demut und Nächstenliebe. Mir wurde gesagt, dass ein dunkles Wesen in den astralen Ebenen und im Erdgürtel durchaus in der Lage sei, falsches Licht zu produzieren. Dieses kühle Licht strahle ebenfalls und könne die Menschen täuschen, welche noch nicht in der Kraft der Unterscheidung geschult wären. Sie würden glauben, es sei eine Lichtgestalt, und würden sich für deren Einflüsterungen öffnen. Sie könnten in diesem Fall sogar besetzt werden.

Wenn ein Kind das Fahrradfahren erlernt, kann man oft beobachten, wie ein Elternteil das Fahrrad am Gepäckträger festhält, damit das Rad nicht umkippt. Es wird eine Weile mitgerannt, um dem Kind die Sicherheit zu vermitteln, dass es geschützt wird. Sobald man weiß, es kann jetzt alleine fahren, lässt man den Gepäckständer los. Am Anfang wird das Kind vielleicht noch unsicher und wackelig fahren, doch mit der Zeit wird es sicherer. Genauso fühlte ich mich, als ich realisierte, dass meine Lieben auf der anderen Seite nicht mehr direkt um mich standen.

Ich fühlte mich nicht wirklich verloren, jedoch spürte ich deutlich, dass die Komfortzone nun verlassen wurde und die eigene Kraft gefragt war. Also ging ich los. Damals waren in der Erdgürtelzone weniger Wesen unterwegs, doch bereits nach wenigen Sekunden sah ich in der Ferne eine *graue Eminenz*, vermutlich auf Energiesuche, auf mich zukommen. Jetzt packte mich doch ein gewisses Unbehagen, und ich wünschte mir von Herzen diese Liebe herbei, die mich als schützende Kraft immer umgeben hatte. Das graue Wesen kam immer näher, und ich spürte, dass die Liebe, die ich bislang als Mensch fühlte, welcher mit seinem Alltag beschäftigt war, nicht ausreichen würde. Doch genau diese Erkenntnis und Demut erlaubte es mir, mich der göttlichen Fürsorge und dem Energiefluss der Liebe zu öffnen. In diesem Moment floss eine Liebe ein, die ich für mich selbst noch nie gefühlt hatte. Mein inniger Wunsch öffnete das Portal, und meine Gefühle wurden von großer Liebe, Demut und sogar eine gewisse Fürsorge für das nahende Wesen erfüllt. Die graue Eminenz stoppte ruckartig und verharrte für einen Moment, dann wandte sie sich ab und verlor sich wieder in der Ferne. Von den Energien dieser Liebe wollte und konnte er sich nicht nähren, was ihn zur Abkehr veranlasste. Fast tat er mir leid, aber meine Begleiter gaben mir sofort das Gefühl, dass das

Gefühl von Mitleid hier nicht angebracht sei. Die Erkenntnis und der liebevolle Wunsch, dass er bald seinen Weg finden möge, wirkt unterstützend – nicht das Mit-leiden.

Meine geistigen Begleiter schienen mit dem Fluss der Liebe in mir zufrieden zu sein, und ich wurde wieder zurückgebracht. Erfüllt von Dankbarkeit, landete ich in meinem Körper, der sofort erwachte, als ich mit dieser Energie ankam. Viele Fragen drängten sich auf.

Was war das für eine Liebe? Sie kam zu mir und erfüllte mich, obwohl mein menschliches Ich diese Intensität nie zuvor leben konnte? Vielleicht ist Liebe stets ein Geschenk, und wir finden innerhalb des Menschseins wieder zu ihr zurück. Man muss sich von alten Schlacken und Blockaden befreien, damit die Kanäle geöffnet werden. Das tiefe Sehnen öffnet die Zugänge; sich bewusst der Liebe hingeben, damit die Gnade fließen kann.

Wenn man die göttliche Fürsorge durch das Gefühl der Liebe im Alltag bereits fühlen durfte, wird es besonders schwer, wenn man sie in Zeiten großer energetischer Ablösungen im Alltag nicht wahrnehmen kann. Beispielsweise bei Aufarbeitungen, während uralte Emotionen aus dem System gelöscht werden, oder wenn andere energetische Beweggründe vorliegen. Dann hängen die Emotionen vor dem Solarplexus und ziehen die Gefühlswelt nach unten. Man hat mir erklärt, dass in solch einem Fall die Achtsamkeit auf die Ablösung gelenkt wird und die Gefühle von plötzlichem Getrenntsein nicht zu vermeiden seien.

In einem Moment der Meditation habe ich für solche Fälle folgende Information erhalten. Unsere geistigen Begleiter, unsere Führer und Helfer sind uns in tiefer Liebe verbunden. Ihre Liebe ist rein und aufrichtig, und sie lassen diese Liebe bedingungslos fließen. Wenn wir uns auf diese Liebe unserer geistigen Führung besinnen, können wir sie bitten, uns ihre Liebe zufließen zu lassen. Folgende Vorgehensweise können wir nutzen:

Am besten stehend. Beide Arme waagerecht nach beiden Seiten ausgestreckt, die Handflächen nach oben.

Die meisten körperbezogenen Chakras, ebenso wie die Augen, sind nach vorne gerichtet. Auch das Sichtfeld der Augen erfasst nur einen bestimmten Bereich nach beiden Seiten, die Rückseite bleibt ungesehen. Deshalb befinden sich unsere Schutzengel meist hinter und neben uns, um diesen Umstand auszugleichen.

Einige Male tief ein- und auszuatmen, fördert die Entspannung. Machen wir uns die Anwesenheit der Geistigen Welt liebevoll bewusst.

## Gebet

Geliebte Engel des Schutzes und der Fürsorge,
meine lieben Begleiter auf all meinen Wegen,

voller Dankbarkeit ist mir Eure Nähe bewusst.

Ihr bereichert mein Leben und führt mich in allen Stunden meines Daseins.

Heute sind meine Gefühle überlagert von Aufarbeitungen, und es fällt schwer, positiv zu bleiben.

Von Herzen bitte ich euch um Eure Liebe.
Bitte erfüllt mich mit Eurem Segen,
durchdringt mein Sein mit Zuversicht und Geborgenheit.

Gerne nehme ich Eure Liebe an, damit das Innere wieder mit Leichtigkeit und Liebe erfüllt wird.

Dankbar fühle ich Eure Liebe.

Von ganzem Herzen danke ich Euch und weiß, dass Ihr mir immer zur Seite steht.

In tiefer Verbundenheit

Diesem Gebet sollten einige Minuten Schweigen folgen.

Diese Hilfe wird uns stets zuteil, wenn wir darum bitten. Der verbindende Fluss der Liebe wird wieder spürbar, als ein Geschenk für die Aufarbeitungen und Erkenntnisse des Lebens.

Liebe erscheint weich und nachgiebig. Sie fängt auf und gibt Halt. Sie kann aber auch streng und hart erscheinen. Wenn dunkle Kräfte mit ihren Ego-Forderungen auf Liebe treffen, wird sie selten nachgiebig sein.

Wir erleben gerade einen besonderen Schwingungszustand auf der Erde.

In unserer irdischen Geschichte hat es mancher Diktator oder Despot geschafft, ganze Völker zu unterdrücken und die Massen zu manipulieren. Neben dunkler Magie und aufgebauter Machtstruktur war es diesen Diktatoren möglich, großen Einfluss zu erlangen. Die Massen duckten sich, gaben ihre Kräfte ab und folgten den Programmen, die ihnen Gehorsam aufzwangen. Selbstverständlich gab es immer Menschen, die derartige Hintergründe erkannten und sich ihnen entgegenstellten. Jedoch entscheidet die Masse der Bevölkerung, welcher energetische Weg eingeschlagen wird.

Hinter den Unterdrückungsmechanismen der Menschen standen uralte Programme, welche genau zu diesem Zweck in der Bevölkerung freigesetzt wurden. Meist schon Jahrhunderte zuvor wurde den Menschen „eingeimpft", dass sie den Machthabern zu gehorchen hätten, dass sie minderwertig seien und den Weisungen der Elite Folge leisten müssten. Dann gibt man noch eine gute Portion Schuldprogramme, tiefe Ängste und Schmerzen dazu – und die Machtstruktur sollte funktionieren.

Das gelang in der Vergangenheit, doch jetzt lösen sich diese alten Programmierungen auf. Immer mehr Menschen werden sich ihrer Kraft bewusst und erlauben sich eine eigene Meinung. Das Bewusstsein richtet sich immer stärker auf die Erkenntnis und Auflösung der alten Programme.

Das hängt auch mit den vielen Möglichkeiten der energetischen und geistigen Arbeiten zusammen, die in unserer Zeit angeboten werden. Noch vor vierzig Jahren kümmerte sich beispielsweise kaum jemand um Menschen, die gerade ein geliebtes Familienmitglied verloren hatten; oder nach Unfällen und Traumata stand kein Therapeut zur Verfügung und half, das Erlebte aufzuarbeiten.

Heute stehen nach einer Schießerei im Supermarkt oder in einer Schule viele Therapeuten bereit, um den Menschen zu helfen, ihren Schock zu überwinden. Viele Möglichkeiten, je nach persönlichem Bedürfnis, werden angeboten, um an sich zu arbeiten und alte Blockaden zu lösen. Ob sie genutzt werden, bleibt natürlich jedem selbst überlassen.

Kommen wir wieder zu unserem Diktator zurück. Dieser baut mit Hilfe negativer Kräfte ein großes Feld der Unterdrückung auf. Es wächst und wächst, und wenn es auf einen Menschen trifft, der sich duckt, wird Kraft von ihm abgenommen und in das wachsende Unterdrückungsfeld transportiert. Der so unterdrückte Mensch fühlt sich klein und ängstlich und nährt daraufhin stetig das Feld seines Diktators. Das Feld wird immer größer und stärker und übermannt nun auch Menschen, die sich zuvor vielleicht noch zur Wehr gesetzt hätten. Hier setzt eine kollektive Kraft ein, die sich wie eine Welle ausbreitet und mit einer Massenpanik gleichzusetzen ist. Davon werden die meisten Menschen mitgerissen. So ist es auch beim Diktator. Das geht so weit, dass sich sein Gedankengut auf die Menschen überträgt und dann als das eigene angesehen wird.

Betrachten wir das Ganze nun von der anderen Seite.

Durch die Unterdrückung und Ausbeutung, die der Diktator seinem Volk zufügt, wird Leid ausgelöst, welches bis an die Grenze der Belastbarkeit tief in die Menschen eindringt. Dadurch kann eine brachliegende Kraft erweckt werden, die der Mensch erst im Inneren begreift, wenn sein Überleben auf dem Spiel steht. Auch schlafende Anteile von Gerechtigkeit und tiefstem Wissen, was wahrhaft der göttlichen Ordnung entspricht, werden aktiviert und können in der Folge genutzt werden. Durch die Erkenntnis erfolgt die innerliche Abwendung von allen Unterdrückungsmechanismen und Programmierungen, und eine Hinwendung an die göttliche Kraft beginnt.

Diese höchsten Energien strömen immer stärker im Menschen, und je intensiver sich diese Erkenntnisse ausbreiten, umso mehr wächst die kollektive Kraft. Durch die derzeitige Zunahme von Gewalt, Kindesmissbrauch oder allgemeiner Not können die Hintergründe erkannt werden. Genauso wie bei dem Frosch, der in kaltes Wasser geworfen wird und durch das langsame Erwärmen nicht spürt, dass sein Ende naht, wurde von dunklen Wesen versucht, die Menschheit unbemerkt und langsam zu unterjochen und auszubeuten. Doch jetzt ist die Grenze erreicht: Die Menschheit erwacht. Die Kraft des Erwachens wird durch die Liebe inspiriert. Ab einer bestimmten Frequenz und Menge kippt die aufgebaute Energie des Diktators – und seine Macht ist beendet.

Genau dieses Geschehen können wir gegenwärtig global erkennen. Je mehr Menschen sich der Kraft der Liebe bewusst werden, umso stärker wächst das energetische Potenzial des Guten. Deshalb ist es so wichtig, dass jeder Einzelne seine Altlasten aufarbeitet und seinen Energiehaushalt klärt. Dadurch wird die Verbindung zur Seele über das Herz gestärkt. Dies lässt das Kraftpotenzial der Liebe anwachsen, und jeder Einzelne kann seinen wichtigen Beitrag zum Frieden auf dieser Erde leisten.

Werden wir uns unserer restlichen Fehlbarkeiten bewusst und erkennen wir die Tricks des Egos und der fremden Überlagerungen, dann können wir uns von kollektiven negativen Programmen lösen und aktivieren unser Sein mit Liebe. Wir verstärken die Wandlung zum Guten. Jeder Einzelne, der sich diesen hohen Idealen und der Liebe zuwendet, erhöht maßgeblich das kollektive Feld.

Liebe ist die stärkste Kraft.

# Das Unterbewusstsein

Auch das Unterbewusstsein zeigt uns wichtige Hintergründe. In ihm werden Wahrnehmungen aufgefangen, welche als Summe das Tagesbewusstsein völlig überfordern würden. Im Unterbewusstsein hängen nicht nur Fehlprägungen fest, sondern auch wichtige Informationen für Leib und Leben, welche uns bis zu einer gewissen Entwicklungsstufe dienlich sind.

Im Zuge der Seelenheilung bemühen wir uns hauptsächlich, die tiefen Verwurzelungen im Unterbewusstsein aufzulösen, welche für den weiteren Weg nicht mehr förderlich sind. Wir übergeben das Unterbewusstsein immer mehr den höheren Aspekten, damit aus dem Unter-Bewusstsein immer mehr ein erwachtes Bewusstsein werden kann. Wir durchleuchten negative Strukturen und bemühen uns, die lieblosen Ablagerungen aufzuarbeiten und die Manipulationen unterbewusster Vorgänge zu stoppen.

Seit einiger Zeit werden aus den tiefen Schichten des Unterbewusstseins von der geistigen Führung verstärkt alte Ablagerungen an die Oberfläche gebracht. Es ist Zeit, auch die letzten Reste versteckter Schlacken dem Licht der höheren Ordnung zu übergeben. Sie stören den Fluss der Liebe und sollen erkannt und „beleuchtet" werden. Die aktuelle höhere Schwingungseinstrahlung auf die Erde fördert den Auflösungsprozess und erlaubt uns diese umfassende Klärung.

Die Ablösung im Unterbewusstsein erfordert nochmals einen großen energetischen Kraftakt. Die alten Ablagerungen sind tief verwurzelt und müssen auch von kollektiven Feldern abgelöst werden. Müdigkeit und Abgeschlagenheit sind, trotz der Hilfe aus den geistigen Ebenen, meist Begleiterscheinungen dieser Prozesse.

Auch wenn viele Aufarbeitungen, Lossprechungen und Auflösungen bereits durchgearbeitet werden konnten, diese neu aus dem Unterbewusstsein nach oben geschobenen Bereiche waren daran noch nicht beteiligt. Deshalb ist es sinnvoll, die Ablösungen nochmals durchzuarbeiten.

Dafür kann das nachfolgende Gebet genutzt werden:

## Auflösung

Höchste Göttliche Schöpferkraft,
Vollkommene Liebe, Höchstes Sein,

von ganzem Herzen bitten wir Dich um Auflösung von allen alten Schwüren, Eiden, Versprechen und Verträgen,
Ahnenlasten, Fremdkarma und negativen Übertragungen,
Blockaden, Abschirmungen und energetischen Banden,
Glaubensmustern, Gedanken-Konstrukten und Manipulationen,
Schocks, Implantaten und Auswirkungen fremder Substanzen,
die nicht dem Wohle meiner Seele oder dem Wohle aller dienlich sind.

Bitte lösche auch deren Abdrücke, Verletzungen und vorhandene Gewohnheitsmuster.

Die Wächterfunktionen werden gelöscht und alle Wesen entlassen, die hierfür gebunden wurden.

Bitte erfülle den frei gewordenen Platz mit deiner vollkommenen Liebe und meinen Seelenanteilen, damit die Höchste Ordnung wieder einkehren kann.

Bitte schenke uns die Klarheit des Geistes, Liebe im Herzen und stets den Schutz Deiner höchsten Engel.

Wir danken Dir von Herzen und übergeben unser Sein Deiner Weisheit und Deiner Führung,

In Liebe
Danke

Diesem Gebet sollten einige Minuten der Andacht und Dankbarkeit folgen.

# Das Erwachen unbewusster Seelenanteile

Im Zuge des Erwachens in den Schwingungen der neuen Zeit werden verstärkt alte energetische Bindungen zur Ablösung gebracht.

Es sind mitunter uralte Prägungen in unserem System aktiv, welche nun aufgelöst werden können. In der Betrachtung der Machteliten aller Jahrhunderte wird deren teils brutale Unterdrückung und Ausbeutung der Völker deutlich. Auch wenn ihre Macht unerschütterlich erscheint, sind auch sie dennoch geistigen und energetischen Gesetzen unterworfen.

Vertreter eines Volkes, ob gewählt oder erzwungen, ebenso wie Könige oder Kaiser früherer Jahrhunderte dürfen nur dann in den Krieg ziehen, wenn das Volk energetisch zugestimmt hat. Wenn also die Herrscher, aus welchen Gründen auch immer, Krieg anzetteln möchten, muss das Volk entsprechend manipuliert werden. Um die Kriegsgenehmigung der Menschen zu erlangen, genügen hasserfüllte Feindbilder im Unterbewusstsein. Dazu wird das Volk belogen, die Gegner zu Schlächtern erklärt oder Hinweise produziert, welche unumstößlich deren Schuld erkennen lassen. Dadurch entsteht der notwendige Hassfaktor im emotionalen Energiefeld, und mit dieser *Zustimmung* des Volkes dürfen die negativen Kräfte zuschlagen.

Auch Gesetze, denen nicht widersprochen wurde, manifestieren sich mit der Zeit. Es spielt hierfür keine Rolle, ob sie mit Angst oder Unterdrückung erpresst wurden.

Liebevolle Menschen können sich die dunklen Machenschaften mancher herrschender Elite kaum vorstellen. Teils Jahrhunderte im Voraus geplant, versuchen sie, ihre Programme durchzusetzen. Doch inzwischen können viele ihrer Vorhaben nicht mehr verwirklicht werden.

Das Erwachen in unserer Zeit ist ein großes Geschenk. Wir können unsere inneren Entscheidungen treffen und unser Leben entsprechend einrichten. Das Erkennen der tieferen Hintergründe entfaltet sich immer mehr. Viele Menschen möchten ihr Leben liebevoll gestalten. Der Abbau groß angelegter Dunkelprogramme im Weltgeschehen mag noch etwas Zeit benötigen, doch im persönlichen Leben können wir bereits tatkräftig beginnen. Die Liebe wird sich immer mehr durchsetzen und auch die äußeren Lebensumstände für alle Menschen und alles Leben dieser Erde verbessern.

Der Mensch ist mit Schöpferkräften ausgestattet. Nach der langen Phase des Lernens und der Stabilisierung können wir sie für einen positiven Umgang miteinander und mit dem Planeten einsetzen. Vielleicht war die Unterdrückung des Egos bis zur Erkenntnis des Weges sinnvoll und notwendig. Sobald die Entscheidung des Egos für die Liebe fällt, werden uns die Kräfte höchster Lichtwesen in der Veränderung unterstützen.

Nachfolgendes Gebet kann genutzt werden, um beispielsweise alte Zugeständnisse an die negative Seite zurückzuholen.

Höchste Göttliche Schöpferkraft,
vollkommene Liebe, höchstes Sein,

wir bitten Dich von ganzem Herzen um Klärung, Bewusst-Werdung und Heilung aller unbewussten Anteile unseres Wesens.

Wir bitten Dich um Auflösung

- aller Prägungen, Zugeständnisse und Versprechen, die von uns unterschwellig und
- manipulativ erpresst wurden, wie: „Wenn sie nicht dagegen sind, wird es zum Gesetz!"
- aller Zugeständnisse, Erlaubnisse und Freigaben, die ohne unser Wissen erzwungen wurden,
- aller negativen Auswirkungen, die durch falsche Aussagen und in der Folge durch Hass und Verurteilung entstanden sind,
- aller manipulierten negativen Emotionen und eingeholten Zugeständnisse, mit denen die dunklen Kräfte ihre Vorgehensweisen rechtfertigten,
- aller Muster und Unterdrückungen, die noch in unserem System wirksam sind,
- aller Zwänge und manipulativer Magie, mit denen unsere Kräfte missbraucht wurden,
- aller Qualen und Ängste, mit denen unsere Seele gebunden wurde,
- aller durch Medien, Filme, Erziehung oder soziale Prägung entstandenen falschen Wahrheiten und Vorstellungen,
- aller Gedanken-Konstrukte, die von uns angenommen wurden, eventuell von Schule, Staat oder Religion, sowie jeglicher Energie, die von uns produziert wurde durch die Annahme falscher Realitäten.

Wir übergeben unser Sein der Weisheit des Höchsten. Die geistige Liebe erfüllt uns, und es wird alles aufgelöst, was nicht der göttlichen Ordnung entspricht.

Bitte lösche alle Schmerzen und Verhärtungen, damit der Heilstrom fließt und unsere Seele von höchsten Kräften durchdrungen wird.

Alle Spaltungen und Seelenrisse werden geheilt und können wieder in Deiner Liebe schwingen. Jegliche fremde und negative Energie, die sich in uns festgesetzt hatte, muss weichen und wird durch die höchste Liebesschwingung und unsere eigenen Seelenanteile ersetzt und geordnet.

Wir danken allen lichten Wesen und der Göttlichen Weisheit für diese Hilfe und Führung.

In Liebe
Danke

Einige Minuten der Andacht und Dankbarkeit sind hilfreich.

# Das Ego

Immer wieder können wir lesen oder hören, das Ego sei schlecht. Es sollte ausgemerzt werden, da es auf dem Weg der Wahrheit, Demut und Nächstenliebe nicht förderlich sei. Das mag für die verführten oder niederen Auswirkungen des Egos durchaus stimmen, das Ego selbst jedoch ist ein sehr wichtiger Bestandteil unseres Wesens. Es stellt den abgefallenen Bereich der Seele dar. Das Ego wird nicht mehr von göttlicher Liebe ernährt. Es sucht sich verwertbare Energie auf der irdischen Ebene und in seinem Umfeld.

Das Ego in seinen niederen Aspekten ist dem Weg von Anteilnahme, Liebe und Selbstlosigkeit tatsächlich nicht förderlich. Solange es sich als abgespalten empfindet und seinen niederen Trieben frönt, können wir das Ego wahrlich nicht als Kraftquell höheren Seins betrachten. Das Ego ist auf sich selbst bezogen, stets auf Energiesuche und die eigene Ausrichtung wird als alleinige Wahrheit betrachtet. Sobald es jedoch seine wahre Natur erkennt, öffnet es sich für die inneren göttlichen Weisungen. Dann wird das Ego zu einem wichtigen Träger göttlicher Kraft. Über das Ego kann das Göttliche wirken, und die Geistige Welt hat einen starken Motor für den menschlichen Werdegang zur Verfügung. Je mehr Ego transformiert wurde, umso besser ist es der göttlichen Energie möglich, das Ego als Kraftpotenzial zu nutzen. In dieser Betrachtung scheint ein großes Ego durchaus von Vorteil. Das bedeutet zwar Mühe, bis es transformiert werden kann, jedoch wird das Ego über das innere Begreifen und das Wissen um die wahre Heimat zum wertvollen Wegbereiter für die höheren Werte und Energien.

Man kann das Ego auch als eine in sich selbst abgefallene Struktur bezeichnen. Es kümmert sich um das Eigenwohl, um die Bedürfnisse, die bei genauem Hinschauen oft durch Mangel oder Schmerz entstanden sind. Ein Abfall aus der Versorgungsliebe des Schöpfers verursacht immer einen Mangel. Wenn dieses Mangelgefühl mit Wut oder Verachtung überdeckt wird, entstehen daraus sehr negative Energiekonzentrationen. Über bestimmte Strukturen des Eigenwillens ist der Mensch komplett manipulierbar. Sucht er nach Anerkennung, muss er nur entsprechend aktiviert werden. Steckt er in Habgier fest, muss man ihm nur die entsprechend „große Karotte" vor Augen halten. Zerfrisst ihn Eifersucht, genügt ein kleiner Funke des Zweifels – und die Emotionen kochen hoch. Der Mensch ist nicht frei, sondern im Grunde Sklave seines Egos mit allen egoistischen Anteilen. Viele erwachende Menschen fühlen diese Bindung und Manipulierbarkeit und sind bestrebt, die restlichen Fasern des Egos in die Erkenntnis zu bringen.

Dem abgespaltenen Ego ist es nicht möglich, Energie aus der göttlichen Quelle zu beziehen. Je mehr Kraft ein Wesen aus sich selber aktivieren muss, umso dichter und härter wird es, da die Fürsorge der göttlichen Ebenen ausbleibt. Je mehr Ego-Anteile sich beispielsweise in der Verdichtung einer menschlichen Aura befinden, umso verengter und härter schwingt das Energiesystem. Nicht nur bindende äußere Gebote oder Unterdrückung beengen den Energiefluss, auch das Ego erschwert durch Verkrampfung den Strom lichtvoller Energien. Der persönliche Energiestrom wird befreit, wenn die Bereiche wieder in die höhere Erkenntnis geführt und bindende Strukturen aufgelöst werden. Jede Erkenntnis aus Liebe löst den Knoten; die Strahlkraft der Erkenntnis erhellt den zuvor verdunkelten Bereich.

Am Anfang der Ent-wicklung wirkt der Mensch umnachtet, er ist sich des wahren Weges nicht bewusst. Nicht selten fühlen sich die menschlichen Aspekte, welche vom Ego dominiert werden, sogar wie ausgestoßen von der göttlichen Gnade. Manche Ego-Aspekte glauben, sich ganz besonders um sich selbst kümmern zu müssen, da sie allein und abgespalten ihr Dasein fristen. Ist der Mensch in dieser scheinbaren Gottferne schweren Lebenssituationen ausgesetzt, kann das Ego auch bösartig werden. Mitunter versucht es dann, sich durch die Qual anderer zu beruhigen oder über Machtgelüste den Energiebedarf zu befriedigen. Nicht selten werden unbewusste, auf sich selbst geworfene Ego-Bereiche von negativen Kräften manipuliert. Sie dienen fremden Programmen und sind sich ihres Sklavendaseins nicht bewusst.

Manche Dunkelwesen können einen unbewussten Menschen besetzen. Mit großem Aufwand versuchen sie, diesen Zustand zu erhalten, vor allem wenn gegenüber ein Mensch mit hellsichtiger Wahrnehmung steht. Sie spüren, dass sie gesehen werden, fühlen sich enttarnt und wollen sich schützen. Auch Ego-Anteile, die sich der Abwendung höherer Werte bewusst sind, versuchen sich zu verstecken, um der Auflösung und Bearbeitung zu entgehen.

Manche Menschen werden von alten Schuldprogrammierungen erfasst, sobald sie negative Strukturen an sich bemerken. Es wird im Gegenüber ein Ankläger erwartet. Doch ein liebevoller Mensch wird niemals einen anderen anklagen, nur weil er noch zu bearbeitende Ego-Anteile in sich trägt. Er erinnert sich an seine eigene Zeit der Aufarbeitung und weiß, wie anstrengend und schwierig sich die Auflösung alter Verkrustungen gestalten kann. Liebe umfängt das eigene Sein und strahlt auf das Gegenüber. Beim lieblosen Bewerten der Mitmenschen können wir das Gebaren der Gegenschöpfung betrachten: Anklage statt Mitgefühl. Diese alten Programme dürfen wir erkennen. Manche Menschen glauben aufgrund ihres Standes oder ihrer weltlichen Position, sie hätten das Recht, über andere zu urteilen. Über Jahrhunderte als Schuld- und Unterdrückungsprogramme verhärtet, wird es Zeit, dass wir die Wahrheit erkennen. Der Mensch, der seine Fehlbarkeit betrachtet und der höheren Ordnung übergibt, befindet sich auf dem richtigen Weg.

Eine Erkenntnis kann vom Verstand des Menschen erfasst und über die Herzenergie aufgelöst werden. Jeder abgespaltene Teil einer Seele muss seine Erkenntnisse in sich selbst begreifen. Das Erfassen der Problematik mit dem Verstand wird dem Erkennen des Herzens übergeben. Das dauert mitunter seine Zeit. Erkennen, Loslassen, Hingabe und Liebe berühren die verkrusteten Anteile und leiten die Auflösung ein. Die liebevolle Kommunikation vom Menschen mit seinem Ego-Anteil ist die Lösung. Auch ein komplett vereinnahmtes Ego kann sich im Augenblick einer Erkenntnis in kurzer Zeit von allen Manipulationen und Fehlprogrammen lösen.

Die ungezügelten Ausbrüche des Egos am Anfang der menschlichen Entwicklung bedurften sicherlich äußerer Gesetze, doch inzwischen steht ein gewisser Prozentsatz der Menschen an der Schwelle zur Eigenverantwortung. Ist dieser Übergang erfolgt, werden die weltlichen Gesetze durch die Weisheit des Herzens und die Entscheidungen von höherer Intuition durchdrungen. Auch körperliche Schmerzen oder unangenehme Lebensumstände werden für den Seelenweg nicht mehr benötigt. Die Seele strebt mit großer Kraft und eigener Verantwortung dem höchsten Ziel entgegen.

Sobald die menschlichen Aspekte die Verführung der dunklen Seite bis in die tiefsten Schichten durchdringen konnten, sind sie ab diesem Moment nicht mehr verführbar. Auch Lichtwesen können eine Schulung auf der Erde nutzen. Dafür wählen sie einen bestimmten Aspekt der Tugend und begeben sich in dessen negative Auswirkung. Erst nach durchlaufener Prüfung können sie wahrlich sicher sein, dass sie vor jeglicher Manipulation geschützt sind. Wer die niederen Aspekte erlebt und die tiefe Wahrheit im Urgrund seiner Seele freigesetzt und gestärkt hat, bleibt unbeeindruckt von negativer Verführung.

# Mitleid und Mitgefühl

Bei den Begriffen Mitleid und Mitgefühl können wir dieselbe Unterscheidung vornehmen wie beim Thema Emotionen und Gefühle. Mitleid ist bei den Emotionen einzuordnen, Mitgefühl bei den höheren Gefühlen.

Betrachten wir zunächst Mitleid. Das Wort drückt bereits aus, welche Emotion darin enthalten ist: Leid. Zusätzliches Leid verstärkt die bereits vorhandene Energie. Mitleid ist somit keine Hilfe, sondern eher eine Verstärkung. Der Ausspruch „Der Wolf, den man füttert, der wächst!" kann hier zugeordnet werden. Mitleid wird oft empfunden, wenn man selbst noch schmerzliche, unverarbeitete Emotionen und Erlebnisse in sich trägt, die im Moment einer Wahrnehmung von Schmerz im Äußeren an die Oberfläche dringen.

Wenn wir beispielsweise einen Tiertransporter vor uns sehen, kann es geschehen, dass wir von den Schmerzen und Ängsten der Tiere erfasst und bis ins Mark berührt werden.

Die Geistige Welt gibt hier klare Botschaften. Für die Tiere oder auch für jegliches leidende Wesen ist es keine Hilfe, wenn wir mitleiden. Hierdurch stärken wir das Leid durch die Energie, welche wir noch zusätzlich zu ihrem bestehenden Leid dazugeben. Viel wichtiger ist es, sich auf die Liebe und die Kraft der Führung zu besinnen. Wir sollen beim Wahrnehmen schmerzlicher Momente möglichst schnell in die göttliche Kraft übergehen, uns sozusagen „herausziehen“ aus dem fühlbaren Schmerz, und den Tieren ein Gefühl der Zuversicht und Stärke vermitteln. Auch wenn das erlebte Leid groß ist, so werden sie doch geliebt und getragen von den göttlichen Energien.

Vielleicht können die Tiere mehrere Inkarnationen im Kollektiv überspringen; oder das Leid soll eine starke Hinwendung zur Liebe fördern. Wir können sie auf ihrem Weg mit Liebe und Kraft unterstützen. Das Gefühl der Zuversicht stärkt die Tiere, und die liebevolle Zuwendung erleichtert ihren Weg.

Ein Gebet für die Tiere ist eine große Hilfe und wird dankbar angenommen.

Die Bitte um den Segen des Höchsten erlaubt eine große Mithilfe aus der göttlichen Welt.

Bei allen Menschen sollte der freie Willen beachtet werden. Nicht jeder möchte, dass man für ihn betet oder ihm Energie sendet. Eine Energieübermittlung kann als Einmischung betrachtet und abgelehnt werden.

Ein liebevolles Gefühl oder ein guter Wunsch wandert nur dann zum Empfänger, wenn er bereit ist. Frei, ohne Druck oder Forderung nach Erfüllung, darf jeder Wunsch an die Geistige Welt übergeben werden. Solange man die Umsetzung der höheren Weisheit überlässt, kann man nichts falsch machen.

Das tiefe Vertrauen auf die geistige Führung erlaubt die Mithilfe der Geistigen Welt. Diese Gewissheit strahlen wir aus. Das Gegenüber kann sie annehmen oder auch nicht. Lieben und loslassen gehören zusammen.

Mitgefühl verbindet uns im Inneren mit den höheren Werten. Sie aktiviert die Kraft und das Vertrauen und schafft eine Verbindung zu höheren Wesen. Diese helfen mit, die Wunden zu heilen und die göttlichen Wege zu verstärken.

Jede Zuwendung über das Mitgefühl gibt dem Leid des anderen eine neue Richtung. Die Schwingung kann sich augenblicklich verändern, und höhere Einsichten über das eigene Sein streben nach Entfaltung.

Die Unterscheidung, ob man Mitgefühl statt Mitleid empfindet, lässt sich daran erkennen, dass nach dem Gefühl des ersten Schmerzes sehr schnell ein Gefühl der Stärke einsetzt. Gepaart mit Dankbarkeit für das Abschmelzen alten Karmas oder für eine tiefe Erkenntnis kann es eine starke Mithilfe bedeuten. Man öffnet sich in den Momenten echten Mitgefühls für die göttliche Kraft. Sie fließt zum Gegenüber und wirkt unterstützend, wenn es gewünscht wird. Der Energiefluss in der Wirbelsäule wird gestärkt. Wir selbst, ebenso wie das Gegenüber, werden aufgerichtet. Wir erinnern uns, wie wertvoll schwierige Lebenslagen für das persönliche Weiterkommen sein können. Wie notwendig mitunter das Ablösen negativer Energie über das Leid sein kann.

Je mehr wir unser eigenes emotionales System klären konnten, umso weniger werden die äußeren Umstände das persönliche Leid berühren. Es wird sofort das höhere Mitgefühl geweckt und die Hilfe aus der Geistigen Welt eingeleitet.

# Das Fühlen

Immer wieder taucht die Frage auf: „Was ist denn das Fühlen? „Wie kann ich erreichen, dass ich Liebe fühle?"

Die göttliche Liebe ist die Basis des Seelenweges. Sie ist bei allen Menschen vorhanden. Wir sind Teil dieser Liebe, und ohne diese Führung könnten wir uns nicht entwickeln. Doch bei vielen Menschen ist dieses Fühlen durch alte Ängste, Manipulationen, energetische Mauern, Erziehungsmuster, Zweifel oder Ego-Strukturen überlagert. Es gilt deshalb, diese Mauern und Lasten abzubauen. Sobald der Platz über dem Herzen frei wird, strömt sofort die wahre Liebe. Es gilt also, das Herz zu befreien, dann kann die Wahrheit wieder darin strömen. Es gilt, die Ego-Muster oder Machtaspekte aufzulösen, damit die Befreiung einsetzen kann.

Hier zeigt sich eine besondere Angst des Egos: Die Angst zu sterben. Das Ego lebt in ständiger Energiesuche in einer aufgebauten Matrix; meist in Form von emotionaler Energie anderer Menschen. Das Ego hat das Wissen verloren, dass es stetig mit göttlicher Energie versorgt werden würde, wenn es das eigenmächtige Streben losließe. Wir machen uns nochmals bewusst, dass nur Bereiche der Seele in die Ego-Welt abstürzen, wenn sie noch nicht stabil in der Liebe schwingen. Es ist der Weg einer Lernerfahrung oder die Heimkehr in die Liebe nach dem großen Fall.

Sobald die Seelenanteile in der Ego-Falle erkennen, dass sie ursprünglich geborgen in der Liebe sind, können sie durch das Loslassen nach Hause zurückkehren. Viele Ego-Anteile sind nach langen Phasen harter Lebensschule so ausgelaugt und überfordert, so überdrüssig ihrer eigenen Auswüchse, dass sie mehr als bereitwillig den Weg der Herzensliebe beschreiten. Die Seelenteile, die sich im Ego befinden, sind genauso wichtig wie alle anderen. Wenn wir sie lieben und annehmen, ganz egal warum sie sich im Ego befinden, fühlen sie sich umsorgt und wahrgenommen. Alle Bereiche des Menschen fühlen sofort die Kraft der Zuwendung, wenn sie angenommen und geschätzt werden. Sie müssen sich nicht gegen die Emotionen der Ablehnung wehren, sondern können frei mit dem Menschen den Weg des Herzens beschreiten. Jeder Ego-Bereich, der die Versuchungen und Tücken der negativen Seite durchdrungen hat, wird zum wichtigen Kraftquell auf dem Weg der Erkenntnis und Liebe. Auch wenn ein Ego-Teil eine Weile vergessen hat, wo er hingehört, wird er immer als „verlorener Sohn" geliebt und als Heimkehrer von der Göttlichkeit angenommen. Von diesem Seelenteil wissen wir ab diesem Zeitpunkt genau, dass er nicht mehr von der dunklen Seite missbraucht oder verführt werden kann.

Ohne angstvolles Wegdrücken oder Leugnen können wir voller Vertrauen die geistige Hilfe annehmen. Manchmal möchte man sich vor diesen negativen Emotionen oder einer Situation schützen. Das kann zwar für kurze Zeit erreicht werden, doch es dient nicht der Befreiung oder dem ursprünglichen Streben der Seele. Die menschliche Persönlichkeit will sich vor den Ängsten und Nöten der Aufarbeitung schützen, ohne sich zu erinnern, dass dies im Zuge des Lernens und Reifens von eigenen höheren Seelenanteilen geplant wurde. Alle abgedrängten Emotionen verbrauchen dauerhaft Energie; und gleichschwingende fremde Waben oder Wesen können sich anhängen.

Auch das oft unbewusste Gefühl des Getrennt-Seins von der göttlichen Quelle kann das Innere mit großem Leid erfüllen. Dieser Verdrängungsschmerz kann eine große Blockade der Gefühlswahrnehmung bedeuten. Das Ego fühlt sich so lange getrennt, bis es die Wahrheit seiner göttlichen Herkunft erkennt. Es erlag einer uralten Verführung, die es nun aufzulösen gilt.

Wenn man nicht fühlen kann, steckt oft Verdrängung oder ein Schutzbedürfnis dahinter. Vielleicht wird Scham empfunden, falsches Gut-Sein-Wollen verhindert die Annahme oder fremde Prägungen blockieren die Gefühle.

Die Energie für die Verdrängung selbst muss ständig neu erzeugt werden. Durch das fortdauernde Pressen werden die Mauern über dem Herzen und die Grenzen der Wahrnehmung immer härter. Es kann nach der Erkenntnis solcher Hintergründe durchaus eine kurze, harte Zeit der Emotionen einsetzen, doch in vielen Fällen ist sie viel kürzer, als man glaubt. Nach dem Verarbeiten der ersten Emotionswoge erfolgt die Auflösung. Je offener wir sind und je vertrauensvoller, umso schneller wird sie geschehen. Die Gnade nimmt uns ein gutes Stück ab. Wir dürfen versichert sein, dass uns die Geistige Welt jegliche Hilfe zukommen lässt.

Wir haben mitunter verlernt, uns selbst wahrzunehmen. Seit Jahrhunderten wurde die Wahrnehmung in die äußere Welt verlagert und die Beobachtung der eigenen Person als unwichtig erachtet. Doch die individuelle Entwicklung zurück in die Ströme der Liebe kann nur im eigenen Bewusstsein erreicht werden. Die Hintergründe, warum die dunkle Seite ihre Energielieferanten unterdrückt oder die Emotionen im eigenen Inneren reagieren, sollen erkannt werden. Das Äußere spiegelt dem Ego die eigenen Wirkungsweisen. Es erlaubt die Betrachtung der Dunkelheit, die einsetzt, wenn man aus der Liebe fällt. Deshalb ist die Wandlung in der Erkenntnis notwendig, nicht die Verurteilung oder die Ablehnung. Die Liebe in der Betrachtung des tieferen Hintergrundes erlaubt die Auflösung der alten Verhärtungen. Die Rückkehr zur Weichheit und Weisheit der Seele ist das Ziel.

Sobald man darum bittet, die Gefühlsblockade auflösen zu dürfen, werden die entsprechenden Situationen von der geistigen Führung eingeleitet; immer in enger Harmonie mit der göttlichen Ordnung, damit keine Überforderung eintritt. Jeder Wunsch nach einer klareren Wahrnehmung öffnet die entsprechenden Kraftportale. Jede Bitte erweitert diese Wege und erlaubt der geistigen Führung die Mithilfe und Unterstützung. Man darf sich bewusst machen, dass die Blockaden auch nicht in Stunden gesetzt wurden. Starke Verdichtungen benötigen die entsprechende Zeit, um wieder gelöst zu werden.

Im Alltag und über die eigenen Emotionen werden die relevanten Informationen gegeben. Wenn wir friedlich, vertrauensvoll und dankbar mitgehen, befinden wir uns immer auf dem richtigen Weg. Wichtig ist die wahre innere Bereitschaft, nicht nur mit Worten, sondern im aufrichtigen Streben und Tun.

Ein weiterer Aspekt in der Wahrnehmung der Gefühle ist die Absichtslosigkeit. Solange noch Vorgaben oder Erwartungen wirksam sind, ist eine freie Betrachtung kaum möglich. Gepaart mit Druck und starker Erwartungshaltung kann das Geschehen sogar ungünstig beeinflusst werden. Das wahre Hoffen auf einen positiven Ablauf übt schnell einen eigenwilligen Druck aus. Hier sollten sehr wachsam die eigenen Gefühle beobachtet werden. Man darf die Geistige Welt um alles bitten, jeglicher Wunsch darf geäußert werden, doch danach sollte das Loslassen erfolgen, die Hingabe. Wir dürfen liebevoll und frei hoffen, um dann der Weisheit zu vertrauen. Die Worte „Möge kommen, was muss!“ können eine Hilfe darstellen. Es geht nicht nur um uns. Der Ablauf größerer Hintergründe kann nur von der geistigen Führung gelenkt und sortiert werden. Darauf dürfen wir immer vertrauen.

Absichtslos bedeutet nicht lasch oder lau. Es bedeutet das Sehnen nach der göttlichen Wahrheit, außerhalb egoistischer Vorstellungen oder Bedürfnisse; ohne den Druck, so oder so soll es sein oder muss es sich gestalten. In sehr vielen Lebenssituationen können wir erleben, dass viele Menschen ständig pressen und drücken. Diese Energie lässt die Aura verhärten. An der Kasse wird gepresst, an der Ampel, beim Arzt; denn man will nicht warten. Beim Familientreffen wird emotional gepresst und gedrückt, damit ja niemand etwas Falsches sagt oder widerspricht, da der patriarchale Großvater ansonsten einen cholerischen Anfall bekommt. Auch darf niemand Fragen stellen, die nicht beantwortet werden sollen.

Emotionales Pressen ist extrem anstrengend und verbraucht sehr viel Energie. Hierfür wird Seelenenergie genutzt, welche in diesem Sinne negativ missbraucht und verändert wird. Alsdann kann es wieder als Futter für niedere Wesen oder Waben dienen, denen wir so ein schönes Zuhause in unserer Aura erschaffen.

Freiheit ist ein wunderschönes Gefühl. Frei von eigenen Ego-Strukturen in Ruhe und Harmonie zu schwingen, kann erst dann wirklich gefühlt werden. Die Liebe wird als tägliche Begleitung immer mehr in unseren Herzen wahrnehmbar. Diese Freiheit und Liebe kann man nicht wollen. Der Wille ergäbe wieder nur eine weitere Verhärtung. Sobald man frei wird von eigenen Ego-Anteilen oder deren Anhaftungen, strömt ganz automatisch die Liebe in unserer Seele. Sie ist unsere wahre Heimat, unser Sein, unser Urzustand.

Auch das ständige Aburteilen anderer Menschen verkrustet das Herz. Alles, was in anderen Menschen abgeurteilt wird, teilen wir auch im eigenen Inneren. Wir *teilen* uns von der *Ur*-Kraft ab. Nur das Ego hat das Bedürfnis, auch die anderen auf eine negative Spur zu ziehen. Durch das Niederdrücken des anderen versucht es, sich selbst zu erhöhen oder einzureden, dass andere ebenso schlecht seien. Somit sind Rechtfertigung und Überheblichkeit nicht selten Hintergrund von Verurteilungen. Auch tief vergrabener Hass aufgrund alter Ungerechtigkeit oder Unterdrückung kann ein Auslöser für Verurteilungen sein. Dann wird der Hass durch die Verurteilung auf das Gegenüber ausgeschüttet. Der Mensch wird in seinem Energiefeld niedergedrückt, anstatt erhoben und gestärkt zu werden. Hier helfen ebenfalls die Aufarbeitung alter Lasten und die Rückkehr zur Wertschätzung des Gegenübers. Dann begegnen wir den Menschen in Güte. Wir ziehen nicht über andere her, sondern versuchen zuerst, das Gute im anderen zu sehen. Güte im Herzen ist eine sehr wichtige Tugend.

Um in die Wahrnehmung der Gefühle zu gelangen, kann man auch erlebte Situationen durchdenken und fühlen. Wo war man wirklich glücklich? Worüber bin ich dankbar? Gelangen die Erinnerungen in das Bewusstsein, kann man sie erneuern, stärken und bei Bedarf immer wieder in das Gefühl holen. Wir dürfen uns bewusst machen, dass es der lieblosen Seite dienlich ist, wenn wir uns in Emotionen von Angst, Sinnlosigkeit und Stress befinden. Man wehrt sich nicht, wenn man sich als schwach und wertlos erachtet. Doch dies ist nur eine Prägung, ein aufgesetztes Konstrukt der dunklen Seite, das es abzulegen gilt. Wir sind Teil der Göttlichen Schöpfung, unsere Heimat ist die vollkommene Liebe – und wir werden unendlich geliebt. Wenn wir diese Liebe fühlen, wird uns wahres Glück erfüllen.

Eine weitere Hilfe bietet uns die Natur. Sie befindet sich im gegenwärtigen Energieprozess bereits weiter in den höheren Schwingungen als unsere menschlichen Körper. Deshalb kann sie für uns ein ganz besonderer Quell der Harmonie und Rückkehr zur Ordnungskraft darstellen. Die Natur verbindet uns wieder mit den ursprünglichen Schöpfungsströmen.

Man kann sich für eine gewisse Zeit zurückziehen, um in die Selbstbefragung zu gehen. Ego-Anteile fühlen sich ungeliebt und abgedrängt, bis wir sie liebevoll annehmen. Wenn wir nachfragen, den

Inhalten der Seelenanteile nachspüren und zuhören, kann dies bereits den Toröffner für die Aufarbeitung darstellen. Nicht selten stoßen wir auf Schmerzen oder Ängste, die den Auslöser für Stichelei, Überheblichkeit oder Konflikte darstellen. Sobald wir diesen Anteilen Liebe und Angenommen-Sein vermitteln und das Geschehen in die höchste Ordnung legen, kann eine rasche Auflösung erfolgen. Liebevolle Zuwendung und absichtslose Aufmerksamkeit lassen Stress und Druck schmelzen. Eine erfolgte Ablösung erfüllt das ganze Sein mit stärkender Energie.

Auch ein sehr bewusster und befreiter Mensch kann sich innerhalb der aktuellen Ablösungen unwohl fühlen. Trotz vieler Ordnungskräfte im persönlichen Energiesystem kann das Ausbleiben der Wahrnehmung fürsorglicher Liebe den Gefühlshaushalt nach unten ziehen. Manchen Menschen hilft der Gedanke an die Not anderer Menschen oder Tiere, um die Gefühle zu verändern. Andere machen sich die positiven Erfahrungen bewusst: Das erlebte Gute oder die Liebe, das Zwitschern der Vögel, die Fülle der Natur oder das herzliche Lachen eines Kindes. Dankbarkeit ist der Schlüssel zur Liebe und die Basis des Weges. Manche Menschen führen ein Buch der Dankbarkeit. Sie schreiben immer wieder auf, worüber sie dankbar sind. Diese Schwingung kräftigt die Herz-Energie. Am Abend oder am Morgen sind Gefühle der Dankbarkeit ein wichtiger Schlüssel auf dem Weg der Erkenntnis. Manche Menschen entwickeln innerhalb ihrer Meditation Gefühle der Dankbarkeit und Liebe. Noch sind es Momente von Liebe und Dankbarkeit, doch mit der Zeit wird der ganze Tag eine einzige Hymne in höherer Verbindung und göttlicher Liebe. Dann bemühen wir uns nicht mehr, sondern *sind*: Ein Eins-Sein von Liebe und Wahrhaftigkeit.

# Die Transformation des Körpers

Wir erleben auf der Körperebene aktuell drastische Veränderungen. Hatten wir bisher ein Leben lang Zeit, um bestimmte Altlasten aufzulösen, scheint sich dies nun auf wenige Jahre zu beschränken. Eine Aufarbeitung folgt der nächsten. Mitunter hat man das Gefühl, als könne man nicht mehr mithalten. Gefühle der Überforderung sind Begleiterscheinungen dieser schnellen Abfolge von Ereignissen.

Der grobstoffliche wird stärker mit den feinstofflichen Körpern verbunden. Energetische Restschlacken der eigenen Seele werden ebenso wie karmische Ahnenpartikel über den physischen Körper abgetragen. Dieses Vorgehen funktionierte bereits in der Vergangenheit, doch die Höherschwingung des Planeten verstärkt massiv die Ablösung alter Verkrustungen und Anhaftungen. Der Körper manifestiert plötzlich Symptome, die vom Arzt in kein Krankheitsbild eingegliedert werden können. Wanderschmerzen zeugen von einem energetischen Hintergrund.

Die Definition von Krankheit sollten wir insgesamt überdenken. Viele körperliche Symptome sind bereits Gesundungszeichen, nachdem das Problem energetisch gelöst wurde. Man kann sich das Fieber zum Vorbild nehmen. Es ist das Symptom für Heilung durch Hitze.

Wir erleben eine Transformation des Körpers in eine höhere Schwingung. Dies erlaubt ihm in der Folge immer mehr, den Energiebedarf aus den höheren Ebenen zu decken. Die Intelligenz des Körpers geht mit der Zeit in die Weisheit der Seele über. Wir erleben nicht nur die Verstärkung der Lichtkörper, auch die grobstoffliche Hülle wird von höheren Frequenzen durchdrungen. Man kann den Lichtkörper auch als Seelenkörper bezeichnen. Er zeigt sich dem hellsichtigen Auge in wunderschönen strahlenden Regenbogenfarben. Die Feinheit und Schönheit, getaucht in Gold und Silber, erhebt die Herzen. Die Regenbogenkörper sind in ihrer Struktur sehr unterschiedlich. Je nach Aufgabe oder Zuwendung der Seele zeigen sich die Farben verschieden stark. Der Körper wird ebenfalls von diesen Strahlkräften erfasst.

Man kann den irdischen Leib als vollkommene Verbindung aller irdischen Substanzen und Bewusstseinsschwingungen dieser Erde bezeichnen. Die Erde mit ihren umfangreichen Entwicklungsmöglichkeiten begibt sich als Planet ebenfalls zurück in die feinstofflichen Ebenen.

Im Körper sind alle Bestandteile enthalten, die auf der Erde existieren, alle Mineralien, Pflanzen und Tiere. Nicht nur die materiellen, auch die emotionalen und geistigen Anteile aller irdischen Aspekte sind im Körper enthalten. Es ist somit eine Gesamtkonstruktion irdischen Seins. Verbunden mit der Christuskraft, wird die weitere Entfaltung und die Heimkehr ermöglicht.

Alle emotionalen Zugänge sind im Körper enthalten, und alle geistigen Impulse können aufgenommen werden. Diese Gesamtkomposition ist eine Besonderheit, welche für einen Übergang von grobstofflicher Materie in feinstoffliche unbedingt erforderlich ist. Deshalb ist die Erde so wichtig. Sehr viele Wesen aus allen Ebenen beobachten den derzeitigen Erhöhungsprozess. Viele lichte Helfer stehen uns bei, wo immer sie gebraucht werden. Dieser sogenannte *Aufstiegsprozess* bedeutet, dass ein Teil der in die Dichte gefallenen Schöpfung wieder nach Hause zurückkehrt. Es ist der Übergang in eine Feinstofflichkeit, welche die weitere Entwicklung ermöglicht. Die nächsten Schritte finden in der Folge in feineren Gefilden statt. Zusammen mit der Erde werden auch umliegende feinstoffliche Welten eine Stufe angehoben.

Die energetischen Auflösungsprozesse können den Körper schwächen. Schlacken werden über die Lymphe abgebaut, die Haut unterstützt die Entgiftung. Für die Leber und die Nieren kann eine Reinigungskur sehr hilfreich sein. Der Rückzug in die Natur regt beispielsweise die Ordnungskräfte im Körper an. Bereits gut durchdrungen von höheren Kräften, kann die Natur in ungeahnter Form weiterhelfen und stabilisieren. Die Frequenzen des Körpers sollten im Gleichklang mit der Erde schwingen. Alles, was Freude macht und entspannt, dient dem Körper und der Seele. Vielleicht einfach nur auf der Wiese liegen und die Seele baumeln lassen, Bäume umarmen oder die Vögel im Flug beobachten. Die Zeit des Fühlens und der Besinnung beruhigt das Gemüt. Dankbarkeit für die Natur und Freude über die Fülle und Schönheit erheben die Herzen. Geben wir Liebe und Dankbarkeit, drückt dies unsere Wertschätzung aus, und wir befinden uns im Geben und Nehmen.

Im ganzen Körper verteilt existieren viele kleinere Zugänge zur Seele. Wir haben bereits beschrieben, dass sich die zwölf größten im Herzen befinden. Diese Zugänge werden aktuell intensiv verstärkt und vergrößert. Der Körper wird auf die Energiezufuhr durch Seelenenergie vorbereitet.

Diese Veränderung verwirrt das Körperbewusstsein. Die restlichen alten Ängste von Verhungern und Tod dringen an die Oberfläche und verursachen mitunter Fressattacken oder einen Rückfall in alte Süchte. Ein liebevoller Umgang mit diesem Geschehen ist die beste Lösung. Eine Weile betrachten, hineinspüren, Vertrauen schenken und nach Gefühlslage handeln. Äußere Vorgaben sollten gut beleuchtet werden, bevor man sie umsetzt. Auf das eigene Herz zu hören, ist sicher die beste Variante.

Der Darm ist von dieser Veränderung in ganz besonderem Maße betroffen. Alle Organe unseres Körpers funktionieren ohne „fremde Hilfe". Die Zellen arbeiten ihren Aufgaben entsprechend, ebenso wie alle Organe und Systeme im Körper. Die große Ausnahme bildet der Darm, der ohne die Hilfe von Milliarden Bakterien die Verdauung nicht bewältigen kann. Einige Bakterienstämme kommen mit der veränderten Schwingung schwer zurecht. Manche *Bewohner* im Darm lehnen den neuen Lichtstrom komplett ab, was zu diversen Darmbeschwerden führen kann. Wie sich die weitere Besiedelung im Darm gestaltet, kann momentan schwer eingeschätzt werden. Wir können den Darm unterstützen, indem wir eine leichte Reinigungskur einleiten. Sanfte Darmmassagen oder das Auflegen der Hände können die Heilung unterstützen.

Nächtliche Schulungen der Seele im Astralkörper oder gemeinsames energetisches Arbeiten können zu Erschöpfung im Alltag führen. Vor allem das Erwachen zu einer bestimmten Tageszeit kann ein Hinweis auf die nächtliche Rückkehr bedeuten. Nicht immer ist die Ursache in den Organen selbst zu finden. Meist ist die Rückkehr des Astralkörpers mit starken Emotionen verbunden. Der Solarplexus benötigt seine Zeit, bis das System wieder beruhigt werden kann.

Wir erleben ständig einen Zuwachs an „energetischen Waben". Sie drängen sich zwischen die wahrhaften Bedürfnisse des Körpers und die Wahrnehmung des Menschen. Nicht selten treten sie gleichzeitig mit einer Fremdbesiedelung im Darm auf. Beim Erfühlen der körperlichen Bedürfnisse erhält man nicht die wahren Informationen des eigenen Körpers, sondern die Gelüste der Waben und Besetzungen. Diese drängen sich ab einer gewissen Stärke sogar eigenmächtig in die menschliche Empfindung. Gelüste nach Fleisch, Salzigem oder auch Süßem werden heftiger. Sie sind mit einer Art Selbsterhaltung für die Erfüllung ihrer Bedürfnisse geprägt. Als Mensch fühlt man morgens noch genügend Kraft und Vitalität, um sich gut zu ernähren oder sich genügend zu bewegen, doch bereits nachmittags schwindet diese Energie, und man fühlt sich der „Belagerung“ ausgeliefert. Der Alltag erfordert mitunter alle Kraft, und am Abend ist jeglicher Antrieb aufgebraucht. Im Laufe der Zeit werden wir mehr Kraft aus den geistigen Ebenen erhalten. Dies wird die energetische Arbeit deutlich erleichtern.

Manche Menschen haben auf der Seelenebene zugestimmt, bestimmte Energiestrukturen, Ahnenreste oder Energiewesen körperlich aufzunehmen. Manche dieser Restlasten sind nicht von der eigenen Person verursacht worden. Sie werden aus Liebe für andere Seelen übernommen. Ganz egal welche Beweggründe vorliegen, liebevolles Annehmen und tägliches Voranschreiten sind die beste Lösung.

Viele Energiewaben oder lichtarme Strukturen im Körper werden durch die beim Sport erzeugten Glückshormone aus dem Körper katapultiert. Deshalb ist es ihnen ein Anliegen, dass wir uns nicht bewegen. Sie können dem Menschen sogar ein Gefühl von Scheinschwäche vermitteln, damit er sich nicht körperlich betätigt. Nicht nur das Ausschütten der Glückshormone beim Sport verhindert Verschlackung oder Besetzung, auch stehendes venöses Blut und Lymphflüssigkeit bringen den Energiefluss ins Stocken. Bewegung bringt durch Muskelkontraktion das sauerstoffarme Blut zurück zum Herzen. Die Lymphflüssigkeit im Gewebe wird transportiert und kann gereinigt und erneuert werden. Dadurch bleibt der Körper im Fluss der belebenden und erhöhenden Qualitäten.

Wenn die Voraussagen stimmen, werden die lichten Seelen ihren aktuellen Körper nicht mehr ablegen. Bislang gab man den Leib nach dem irdischen Tod der Erde zurück, und die Seele ging in ihre geistige Heimat. Dieses Mal soll ein Aufstieg erfolgen, welcher den Körper in die erste feinstoffliche Ebene mitnimmt. Den leiblichen Tod wird es in diesem Sinne somit nicht mehr geben. Die Prophezeiung „Und der Tod wird nicht mehr sein!“ erlangt hier ihre Erfüllung. Jesus ging voraus und sprach: „So folget mir nach!“ Er stieg auf in das Himmelreich und sagte: „Ich gehe voraus, euch die Wege zu bereiten!" In der Betrachtung des kommenden Aufstiegs könnten diese Sätze genau so gemeint sein.

Die körperliche Erhöhung bedeutet somit auch, dass alle Verbindungen in die Ahnenkette abgelöst werden müssen. Alle Altlasten, welche nicht auf Liebe aufgebaut sind, sondern auf Schmerzen, Not oder Ängsten, müssen berührt und abgelöst werden. Wann eine Ablösung stattfindet und wie, sollten wir als Mensch weder selber entscheiden noch einleiten. Unsere geistige Führung durchtrennt zur rechten Zeit die Verbindung. Dann muss unser System die Belastung zwischen der Trennung und uns selbst zwar noch aufräumen, jedoch können wir sicher sein, dass es aus höherer Sicht liebevoll und energetisch korrekt abläuft.

Wir werden ebenfalls von kollektiven Manipulationsmechanismen, alten energetischen Verbindungen oder niederen Strukturen befreit. Je nachdem wie viele Bindungen noch vorhanden sind, wird uns die geistige Führung zur Seite stehen und rechtzeitig Botschaften und Hinweise über unsere Wahrnehmung liefern. Wenn wir ruhig und vertrauensvoll unseren Tag beginnen, aufmerksam sind und bereit, an uns zu arbeiten, sind wir auf dem besten Weg. Zeiten des Rückzuges und der Ruhe fördern den Prozess. Im Innehalten, Loslassen und Empfangen können wir uns den Vorgaben der Geistigen Welt nähern.

# Jenseitige Welten

Im Zuge der Ablösung alter Bindungen stehen wir vor einer weiteren Wahrnehmung der jenseitigen Welten. Es handelt sich zum einen um die wahrhaften jenseitigen Ebenen nach dem leiblichen Tod, zum anderen um künstlich aufgebaute astrale Welten und Konstrukte.

Wenn wir uns vergegenwärtigen, dass die verdichteten und lieblosen Wesen unsere „negative"-Seelenessenz als Nahrung benötigen, wird verständlich, dass diese ihre Nahrungsquellen fortwährend erhalten möchten. Für diesen Zweck ist die Bindung der Seelen auch nach dem leiblichen Tod eine geeignete Konstruktion.

Dunkelwesen ohne Seele besitzen keine Schöpferkraft. Wenn sie also eine Astralsphäre errichten möchten, um darin die Menschen auch zwischen den Inkarnationen zu binden, benötigen sie dazu die Schöpferkraft der Menschen. Um dies zu erreichen, wird den Menschen zu Lebzeiten erzählt, wie die Welt nach ihrem Tod gestaltet ist. Durch detaillierte Erzählungen bauen sich bereits die ersten Schöpfungsbilder in den Köpfen der Menschen auf. Geschunden von Mangel, Einsamkeit, Hunger und Krieg werden den Menschen Orte geschildert, in die sie bei stetem Befolgen der Gesetze oder nach dem Dienst als Soldat Einlass finden. Damit sollen sie nicht nur beruhigt, sondern auch die Qualen des Krieges erträglicher werden. Im Beispiel der Met-

Halle Walhalla oder dem Sovngarde der nordischen Mythologie werden riesige Grillspieße mit Wildschweinen, Met, Frohsinn und Leichtigkeit in der Wärme des Feuers, in der Gemeinschaft mit Familie und Kameraden, als das Endziel eines erfüllten Lebens geschildert. Werden diese Schilderungen entsprechend glaubhaft und nachdrücklich erzählt, werden sie von den Menschen emotional und gedanklich mit allen Fasern ihres Wesens umgesetzt. Der Mensch erschafft durch seine Gedanken und Emotionen die künftige astrale Welt.

Die Römer legten ebenso wie die Menschen des Nordens ihren Toten eine Münze in den Mund, um den Fährmann zu bezahlen, der sie über den Fluss des Todes bringen sollte.

Auch Anubis, der Gott mit dem Hundskopf, geleitet im Glauben der alten Ägypter die Seelen in das Reich der Toten. Im Griechischen wurde der „Seelenbegleiter" Hermes genannt. Er führt die Seelen zum Fluss Styx und dann weiter in den Hades. Die Liste der Jenseits-Welten ist umfangreich, je nach Kultur und Religion.

Innerhalb dieser Betrachtungen sollen in keiner Weise die alten Werte oder Vorstellungen beurteilt werden. Viele hatten sicherlich ihre Berechtigung zur damaligen Zeit und können als Lernerfahrung auf dem Weg angesehen werden. Wir betrachten hier ausschließlich die Prozesse, welche eine Seele nach ihrem leiblichen Tod in geistigen Welten durchleben soll.

Man kann berechtigt einwenden, dass auch die Erfahrung der Bindung nach dem Tod dem wahren Erkennen dienlich sei. Das ist sicher zutreffend, doch jetzt ist es an der Zeit, sich durch Erwachen und Erkennen aus uralten Mustern der Vergangenheit zu lösen. Oft sind es nur noch kleine Seelenreste oder Abspaltungen, die sich in diesen Ebenen befinden. Im kommenden Zeitenwandel wird nichts mehr zurückgelassen. Nicht die kleinste Seelenfaser sollte noch irgendwo gebunden bleiben.

Wenn man beispielsweise in einer früheren Inkarnation zu römischen Zeiten das Glaubensmuster pflegte, dass man nach dem Tod beim Fährmann einsteigen sollte, kann es sein, dass Seelenanteile in der heutigen Inkarnation immer noch davon überzeugt sind.

Die Erzählung einer Nahtod-Erfahrung kann dazu einen Einblick gewähren. Der Bericht stammt von einer Frau, die innerhalb einer Vollnarkose zwischen Leben und Tod schwebte.

Sie berichtet, dass sie sich plötzlich sehr unwohl fühlte. Alles um sie herum wurde nebelig, und sie stand unvermittelt in einer großen Höhle. Der Blick reichte weit nach hinten zu einem großen unterirdischen Fluss. Die steinernen Wände und die Decke strahlten ein diffuses bräunliches Licht aus. Dann sah sie einen Mann in einem Boot auf sich zukommen. Sie hatte keine Panik, jedoch ein ungutes, mulmiges Gefühl. Irgendetwas in ihrem Inneren ließ sie dennoch in das Boot einsteigen. Sie erkannte den Fährmann, der langsam und behäbig sein Paddel schwang. Sie beschrieb ihn von extrem hagerer Statur mit einer Kopfbedeckung, die weit in das Gesicht hineinreichte. Sein Umhang war dunkelbraun bis schwarz. In der Dämmerung war nichts deutlich zu erkennen. Sie saß vor ihm, und das Boot bewegte sich tiefer in das Höhleninnere. Ihr Zeitgefühl war undeutlich, doch sie verfolgte wohl einige Minuten die Bewegungen des Wassers und betrachtete die Höhlenwände. Plötzlich erfasste sie ein sehr ungutes Gefühl. Angst, die ihr verdeutlichte, dass es kein Zurück mehr gäbe, wenn sie weiter im Boot sitzen bliebe. Ganz tief in ihrer Seele wusste sie plötzlich, dass Liebe ihre Begleitung sein sollte und nicht dieser hagere dunkle Fährmann in der lichtarmen braunen Höhle. Sie rief Gott und ihren Schutzengel mit aller Kraft um Hilfe, und im selben Moment wurde sie von reinem Licht erfasst, aus dem Boot gehoben und in großer Geschwindigkeit wieder in ihren Körper transportiert.

Keine Seele kann gebunden werden, wenn sie es nicht selbst erlaubt. Nur wenn die Vorgaben mit Schmerz oder Angst im System eingebrannt sind, wird eine Seele nach dem Tod die illusionären Wege beschreiten. Ansonsten wartet sie, bis die Liebe sie berührt. Nur solange alte Glaubensaspekte die Wahrnehmung trüben, wird eine Seele nach ihrem Tod in die geschilderten Welten wechseln. Ansonsten bleibt sie ruhig und folgt der Liebe in ihrem Herzen. Selbst aus einer aufgebauten Astralwelt kann sich eine Seele zu jeder Zeit durch Erkenntnis wieder befreien.

Durch das globale Erwachen und das Streben nach Freiheit der Seele lassen sich die Menschen kaum mehr von alten Jenseitsvorstellungen binden. Viele Seelen konnten sich durch eigene Entscheidung aus den alten Gedankenformen lösen.

Seit Kurzem werden diese Jenseitswelten vollständig von den Wesen des Lichtes und der Liebe im Auftrag des Höchsten aufgelöst. Das hat zur Folge, dass viele Seelenanteile und Abspaltungen auf der Suche nach Hilfe in die erdnahen Ebenen drängen. Sie suchen nach Familienmitgliedern oder bekannten Menschen, was zu sehr viel energetischer Verwirrung führt. Durch die Anwesenheit und Mithilfe vieler lichter Menschen wurde innerhalb kurzer Zeit sehr viel Heilung erreicht. Die Vorgänge auf den energetischen Ebenen macht man sich viel zu wenig bewusst. Es ist teilweise Schwerstarbeit, die alten Belastungen wieder aufzulösen.

Normalerweise benötigt eine Seele nach ihrem leiblichen Tod drei Tage, bis alle Lebensessenzen und Seelenfasern aus dem Körper entfernt wurden. Viele alte Kulturen wussten um diese Zeit und organisierten die entsprechende Lagerung, bevor der Körper entweder vergraben oder verbrannt wurde.

Befand sich noch ein Seelenanteil in einer dieser Jenseitswelten, kann er jetzt wieder in das Gesamtgefüge des Menschen zurückgenommen werden. Er wird durch die Wahrheit geschult und kehrt zurück in die liebevolle Einheit. Diese astrale Reinigung bedeutet eine große Gnade der Göttlichkeit. Für das Wirken der Geistigen Welt dürfen wir zutiefst dankbar sein.

Geschahen auf der Erde große Katastrophen oder verbrecherische Gräueltaten, haben sich solche Ereignisse teilweise stark in das kollektive Gedächtnis gebrannt. Es entstand im Zuge der schöpferischen Kraft des Menschen eine bestimmte Astralwelt. In ihr wiederholen die armen Seelen auf der Suche nach Erlösung ständig ihre Erlebnisse.

Wir konnten eine Astralsphäre wahrnehmen, in der sich fortlaufend der Untergang der Titanic abspielt. Schreiende Menschen fielen von den Decks, berstendes Holz und grauenhafter Lärm waren zu hören. Von der Reling riefen die Menschen panikartig nach ihren Angehörigen. Die Grenze dieser astralen Szene war von roten und schwarzen Schlieren durchzogen. Die Menschen darin konnten den inneren Horror nicht aufarbeiten.

Stecken bösartige oder verbrecherische Beweggründe hinter einer Katastrophe, brennt sich das Geschehen in besonderer Weise tief in das Weltengedächtnis ein. Diese Hintergründe können von allen Menschen gefühlt werden. Gepaart mit Lügen, fällt es den Seelen schwer, in eine Aufarbeitung zu gelangen. Lügen verwirren die Wahrnehmung, und die negative Energie erschwert die Auflösung.

Deshalb ist es nicht verwunderlich, dass sich viele Menschen beispielsweise für den Untergang der Titanic interessieren. Neben der schauspielerischen Leistung in den Hollywood-Filmen bewegt auch die innere Wahrnehmung die Herzen vieler Menschen. Das Erkennen von Leid und Horror solcher Astralwelten erfolgt meist im Unterbewusstsein. Auch wenn im Film diese Hintergründe nicht beleuchtet werden, erreichen sie energetisch die astrale Welt sowie die Gefühle der Menschen. Die im Herzen angesprochenen Menschen spüren den

Sog und leiten eine gemeinsame Aufarbeitung für die astrale Ebene ein. Die liebevolle Betrachtung strahlt zu den leidenden Seelen. Sie werden berührt und erhalten die notwendige Kraft und Fürsorge für die Auflösung.

Der Zweite Weltkrieg ist noch nicht vollständig aufgearbeitet; der Tod von Lady Diana bewegt weiterhin die Herzen. Auch die Zeit der Dinosaurier weckt stetes Interesse; und 9/11 wird weiter hinterfragt. Immer mehr Bewusstsein für die wahren Hintergründe für Kriege, Mord oder Lügen der Geschichte erlauben die Auflösung in Harmonie mit den Schöpferkräften. Die Wahrheit setzt sich durch, befreit die Verwirrung – und die Liebe leitet die Auflösung ein.

Auch im persönlichen System befinden sich teilweise astrale Gebilde oder Restablagerungen. In der Gefangenschaft eines früheren Lebens flüchtete man beispielsweise in eine wundervolle Phantasie. Der Mensch erschafft so mit der Zeit eine lebendige Astralwelt. Auch in Meditationen werden mitunter durch ständiges Wiederholen astrale Ebenen erschaffen. Alle diese Konstrukte müssen wieder aufgelöst werden. Sie verbrauchen ständig Energie, und ab einer gewissen Stärke ziehen sie den Menschen wieder in die alten Astralwelten hinein. Der Sog kann unbewusst erfolgen. Man fühlt sich wie weggetreten, glaubt über etwas nachzudenken, speist jedoch die alten Astralgebilde. Haben sich fremde Waben darin eingenistet, wird die Auflösung anstrengend, da sie sich ihre Heimat erhalten wollen.

Sind derartige Astralgebilde vorhanden, werden wir in unserem Alltag darauf hingewiesen. Die geistige Begleitung führt den Menschen zu bewusster Wahrnehmung. Ein Film oder das Betrachten eines Reliktes aus vergangenen Zeiten kann der Auslöser sein. Bleiben wir wachsam und betrachten unsere Gefühle und Gedanken, kann alles aufgelöst werden. Bereits das Wahrnehmen der Emotionen läutet den Prozess ein.

Das nachstehende Gebet kann dazu genutzt werden.

## Seelen-Klärung

Höchste Göttliche Schöpferkraft,
vollkommene Liebe,
von ganzem Herzen bitten wir Dich um die Klärung unserer Seele.

Bitte hilf uns, die astralen Gebilde und Ebenen zu löschen.

Ob aus Schmerz oder Unwissenheit erschaffen, bitten wir Dich um die vollständige Auflösung aller Inhalte. Bitte erlöse alle wesenhaften Strukturen, die eventuell darin gefangen sind.

Bitte lösche Wächterfunktionen oder Auflösungsblockaden, damit der freie Fluss der Liebe alle Ebenen erreicht.

Wir sind bereit, vorhandene Emotionen aufzuarbeiten. Wir übergeben unser Sein in Deine Hände.

Bitte verbinde eventuelle Abspaltungen wieder mit unserer Seele, in Deiner Weisheit und Liebe.

Wir wissen um Deine Fürsorge und Liebe.
Wir danken Dir von ganzem Herzen.

Einige Zeit der Ruhe sollte diesem Gebet folgen.

# Ein Treffen im Erdgürtel

Wir befinden uns „am Ende der Zeiten“. Die dunkle Seite hat sämtliche Register gezogen und versucht mit allen Mitteln, die Menschen am persönlichen Fortschritt zu hindern. Die Wahrheit hinter Manipulation und Macht soll global verschleiert bleiben, um die Dominanz der dunklen Kräfte weiter zu gewährleisten. Alle aufgedeckten Lügen und Machenschaften erscheinen erschreckend, doch aus höherer Sicht dienen alle Erkenntnisse und mitunter schwierigen Erfahrungen einem höheren Ziel.

Vielen von uns erscheint die jetzige sogenannte *Endzeit* belastend und anstrengend. Als Teil des Ganzen bleiben wir von globalem Leid nicht unberührt. Kriegsopfer, Kindesmissbrauch oder das Leid der Tiere erfassen auch die Seelen von Menschen, denen es in unserer Gesellschaft gut geht. Die negativen Schwingungen, der Stress, die Lieblosigkeit, die Forderungen der Umgebung und vieles mehr bereiten dem liebevollen Menschen Mühe. Wenige können sich dauerhaft das Vertrauen bewahren und die Gewissheit, dass alles seinen rechten Weg gehen wird. Licht und Schatten befinden sich sozusagen im letzten Gefecht. Die Liebe hat bereits gewonnen, obwohl sie nicht kämpft. Ihre Anwesenheit lässt den Schatten vergehen.

Im Zuge des globalen Erwachens und des Aufdeckens dunkler Machenschaften werden uns viele Hintergründe offenbart. Wir können lichtvolle Neuerungen erleben und liebevollen Menschen begegnen, doch die Erkenntnisse negativer Strukturen versetzen uns immer wieder in Erschrecken. Die lieblose Verdichtung vor dem Wandel scheint als letztes Aufbäumen unausweichlich. Kurz bevor es hell wird, ist es am dunkelsten.

Manche schlafende Seele scheint erst durch die starken negativen Ereignisse geweckt zu werden. Die Präsenz machtvoller Dunkelheit erlaubt die tiefe Hingabe aller Menschen an das göttliche Sein. Nur in Zeiten größten Druckes offenbart sich die absolute Wahrheit des höchsten Schutzes. Wer sich in den dunkelsten Untiefen die Herzensverbindung erhalten kann, bleibt wahrhaft standfest auf dem Weg der Tugenden. Auch wenn wir Zeiten des Zweifels und der Schwäche erleben, können wir uns der Hilfe des Höchsten stets gewiss sein.

Auch unser größter Lichtbereiter, Wegweiser und Lehrer, Jesus als Christus, zweifelte, laut Bibel, kurz vor seinem Kreuzestod, indem er sagte: „Vater, warum hast du mich verlassen?" Wenn es ihm so erging, sollten auch wir in Zeiten von Zweifel oder Angst nicht verzagen. Wir werden auch in den schwersten Stunden getragen. Die göttliche Kraft wird eine Veränderung in eine Phase der Liebe und des Lichtes einläuten.

Folgendes Erlebnis wurde mir geschenkt.

Durch die negative Schwingung auf der Erde ist es einigen sehr dunklen Wesenheiten möglich, sich auch astral zu nähern. Die wesensgleiche Schwingung erlaubt ihnen die Annäherung in bestimmten Bereichen.

Auch auf dieser Astralreise war ich nicht alleine. Mein Begleiter befand sich in unmittelbarer Nähe zu mir in der Erdgürtelzone. Mein Blick schweifte in die Ferne, und ich konnte ein Wesen wahrnehmen, welches sich aus den niederen Welten in unsere Richtung bewegte. Je näher es kam, umso deutlicher konnte ich die starke Präsenz heftigster Emotionen spüren. Das Wesen verbreitete Angst und Schrecken, Härte und rasenden Zorn. Bislang konnte ich derart heftige negative Energien nur in den niederen astralen Ebenen wahrnehmen, niemals auf der Erde oder in der Erdgürtelzone. Mir wurde klar, dass nur die Lieblosigkeit und Unbewusstheit vieler Menschen dem Wesen diese Annäherung erlaubte.

Der Ankömmling erschien männlich und näherte sich unaufhaltsam. Ein „Dämon“ mit großer dunkler Macht positionierte sich. Nun erschien ein Mann im Astralkörper und stellte sich dem dunklen Wesen gegenüber. Die Ausstrahlung dieses Mannes war wunderschön anzusehen. Er lebte als Bürger dieser Erde unter den Menschen. Die Gefühle, die seine Anwesenheit verströmten, waren Liebe, Weisheit, Tatkraft und Demut. Es gab keinen Zweifel daran, dass dieser Mann als großer Liebesträger die Transformation der gefallenen Schwingung unterstützte. Er wirkte stabil in allen Tugenden und strahlte vollkommene Liebe aus.

Er erlangte sofort die volle Aufmerksamkeit des dunklen Wesens. Inzwischen kamen zwei weitere Beobachter hinzu. Eine unbeschreibliche Energie entfaltete sich. Es entstand eine spannungsgeladene Szenerie, und keiner wusste so recht, was sich ereignen würde. Für das dunkle Wesen schien nur ein Ziel von Bedeutung, sein Gegenüber zu vernichten. Wie gewohnt, empfand auch dieses dunkle Wesen das Licht als Bedrohung. Mit grausamer Härte ging er auf den Mann los. Er schien ein Schwert in Händen zu halten und wollte sein Gegenüber erschlagen. Doch nichts konnte die lichtvolle Aura durchdringen. Wieder griff der Dämon an und prallte an der Liebesschwingung ab. Beim nächsten Hieb erlebten wir etwas zutiefst Bewegendes. Eine intensive Kraft der Liebe und Fürsorge umhüllte den Angreifer, woraufhin dieser verblüfft innehielt. Wir spürten alle, wie sein Weltbild zerbröckelte. Der nächste Angriff wirkte deutlich zaghafter, und wieder erfasste ihn der Strahl reiner Liebe.

Das dunkle Wesen konnte nicht begreifen, warum kein Gegenangriff erfolgte. Wie konnte es sein, dass die Antwort auf Gewalt reine Liebe war, anstatt Gegenwehr, Angst und Schrecken. Diese Erkenntnis zerrüttete sein ganzes Wesen. Noch nie zuvor war er der Liebe begegnet. Die anfängliche Verzweiflung ging über in ein Gefühl von Angenommen-Werden. Er wurde zum ersten Mal, seit er sich erinnern konnte, geliebt, obwohl er es aus seiner Sicht nicht verdiente. Wir konnten die Emotionen im Inneren dieses Wesens vollständig miterleben. Diese Liebe ließ alle Gewalt in ihm bersten, alles Negative war für einen Moment angehoben, und es sah aus, als breche er in Tränen aus. Als würde eine uralte Erinnerung an die Oberfläche dringen und ihm die Wahrheit des Liebesweges vermitteln. Eine Zeit des Schweigens folgte. Innere Prozesse bewegten das Gemüt, und die liebevolle Fürsorge des Mannes für dieses dunkle Wesen erfüllte die Szenerie.

In dem dunklen Wesen begann das Licht der Liebe aufzuleuchten. Es erschien wie das Niederlegen seines Schwertes in absoluter Hingabe an das höhere Sein. Eine tiefe Einsicht erlaubte ihm das Erkennen des einzigen und wahren Weges – der Liebe. Dieser Augenblick war mit tiefer Demut erfüllt. Er hatte gewählt und sich für die Liebe entschieden.

Eine Begegnung von Menschen in großer Liebe mit einem Wesen voller dunkler Emotionen kann nur in einer Endzeit stattfinden, wie wir sie gerade auf unserem Planeten erleben: Die gleichzeitige Anwesenheit von negativster Energie und liebevollstem Menschsein. Für die Menschen in Liebe kann diese Endzeit besonders hart erscheinen, doch werden wir uns der Weisheit hinter den weltlichen Gegebenheiten bewusst. Alles erfüllt einen wichtigen und wertvollen Zweck. Genau darum geht es: Die gefallene Schöpfung nach Hause zu bringen. Wenn wir alle grundsätzlich aus dem gleichen „Haus“ stammen, dann sind alle Wesen in den niederastralen Ebenen auch unsere Brüder und Schwestern. Vielleicht haben wir selbst unseren Inkarnationsweg dort begonnen; oder dieser liebevolle Mann, der gerade einem dunklen Wesen den Liebesweg aufzeigen durfte, begann seinen Weg in den niederastralen Welten. Es zählt in der Liebe nur das Jetzt.

In der Folge wird unser Angreifer eine Seele erhalten und kann den Inkarnationsweg beginnen. Er wird unterstützt von der Geistigen Welt und wird auf der Seelenebene geführt.

# Vom dritten in das vierte Chakra

Wir befinden uns in einer entscheidenden Phase der menschlichen Entwicklung. Ein Übergang von der Emotions- in einen Seins-Zustand der Herzensebene. Im Gesamtgeschehen ist das ein äußerst wichtiger und entscheidender Vorgang. Man kann die Lernerfahrung der Emotionen abschließen und in die Erkenntnis der höheren Gefühle gelangen.

Das Solarplexus-Chakra wird als das dritte Chakra bezeichnet, das Herz-Chakra als das vierte. In meinem Buch „Chakras – die Energiezentren für das Bewusstsein einer neuen Zeit" werden die Funktionsweisen der einzelnen Energiewirbel genauer beleuchtet. Das dritte Chakra kann auch als das Energiezentrum bezeichnet werden, über welches Erfahrungen der dichten Welt sowie der lichtarmen bis lichtlosen gesammelt werden können. Ist diese Schwelle überwunden, geht der Weg wieder in die Phase der feinstofflichen Welten über. Hier erfolgt die weitere Schulung außerhalb der Zugriffe negativer Wesen oder deren kollektiver Einflüsse.

In der weltlichen Betrachtung könnte man sagen, dass es dem Menschen nun möglich wird, die Abschlussprüfung seiner emotionalen Erkenntnisse zu vollbringen, um danach, je nach seiner Intention, weitere Ausbildungen zu beginnen.

Machen wir uns bewusst, dass es hierfür „Prüfer“ bedarf. Nicht nur vorgefertigte theoretische Abschlussfragen, sondern handfeste, reale Prüfungssituationen, in denen wir für uns selbst erkennen, welche Emotionen noch in uns vorhanden sind.

Innerhalb der karmischen Gesetzmäßigkeiten erfolgt immer eine „Rückantwort auf die Tat“. Nicht im Sinne von Schuld, sondern zur Erkenntnis und zum Auflösen selbst erzeugter negativer Emotionen. Wir lösen die Erfahrung aus und erzeugen in Harmonie mit der geistigen Führung und unserer höheren Seele eine entsprechende Situation im Leben. Für ein liebevolles Wesen wäre es eine große Belastung, wenn es uns beispielsweise mit der Keule auf den Rücken schlagen müsste, um uns die Erfahrung der entstandenen Schmerzen zu vermitteln. Ohne das Vorhandensein anderer Menschen, die sich noch im Erlebnisprozess körperlicher Gewalt befinden, gäbe es gar niemanden, der uns diese Erfahrung vermitteln könnte. Wären sie im gegenwärtigen Prozess von der Erde verbannt, wäre eine Erkenntnis durch eigenes Erleben oder das Auflösen emotionaler karmischer Lasten gar nicht möglich. Deshalb ist es nicht notwendig, sie zu verurteilen. Wir können im Gegenzug froh sein, dass wir nicht vom Planeten geworfen wurden, während wir uns innerhalb solcher Erlebnisse befanden.

Es wird manchmal schwierig, die Lieblosigkeit auf der Erde zu verkraften. Wir befinden uns in den Schlussphasen dieser Erfahrungswelt, und es lässt sich wohl nicht vermeiden, dass sich zum Ende der Zeiten nochmals die negativen Kräfte bündeln und alles daran setzen, noch unreife Seelen auf ihre Seite zu ziehen. Doch auch dieses Vorgehen kann genutzt werden, um die tiefsten Schwächen ans Licht zu befördern und auf den Weg der Liebe zu bringen.

Das Gefühl der Geborgenheit wird sich im Laufe der nächsten Zeit noch deutlicher in unseren Herzen regen. Wir werden geführt von den höchsten Schwingungen der Liebe und des vollkommenen Seins. Bleiben wir im Vertrauen und in der Dankbarkeit für die gesammelten Erfahrungen und Erkenntnisse auf unserem Weg zurück in die göttliche Heimat.

# Wohin fließt die Energie?

Wir wissen, dass wir über unsere Seele mit der unerschöpflichen Quelle göttlicher Energie verbunden sind. Diese schöpferische Energie strömt herab zu uns aus den geistigen Quellen. Je mehr sich ein Mensch diesen seelischen Verbindungen öffnen kann, umso mehr wird der Zustrom aktiviert. Inkarniert ein Mensch mit einer weit entwickelten Seele, kann er bereits vor seiner Geburt zur Zielscheibe negativer Kräfte werden. Sie versuchen, ihn zu verführen, ihn herunterzuziehen und ihn darauf zu programmieren, die Wesen der niederen Ebenen zu nähren. Manchmal haben es höhere Mächte gar auf die ganze Seele abgesehen. Die lieblosen Kräfte merken schnell, ob sie noch einen Zugang erhalten oder nicht. Vielleicht können sie ihn als Kind und Jugendlichen noch eine Weile in einer gewissen „Bewusstlosigkeit“ halten, doch bei größerem Erkenntnisstand werden sie all ihrer Zugänge beraubt.

Deshalb ist es sehr wichtig, dass wir unsere Kinder schützen. Ihnen alles zu erlauben oder den Eigenwillen zu fördern, kann schwere Blockaden errichten. Sie verstehen vielleicht nicht immer, warum eine gewisse Strenge notwendig wird, doch es ist sehr wichtig, dass wir ihnen erklären, um was es wirklich geht in dieser Welt. Ansonsten werden sie vielleicht von ihren eigenen Emotionen und Bedürfnissen eingenommen und entwickeln keine Kraft, sich gegen sie zu wehren. In der Tiefe weiß auch ein Kind, welches seinen Willen gerade nicht durchsetzen kann, dass das Nein der Eltern die richtige Entscheidung ist.

Der Fluss schöpferischer Energie wird im menschlichen Astralkörper aus Seelenkraft erzeugt und strömt als feinstoffliche Energie in die Aura. Die Form wird durch den gedanklichen Inhalt, die Farbe durch den emotionalen Impuls gestaltet.

Es gibt zwei Arten von Energie:

- Energie, welche das Positive, das Liebevolle fördert und nährt oder
- Energie, welche das Niedere, das Lieblose vergrößert.

Der einzige Unterschied zeigt sich in der Stärke und in der Menge.

Es gibt nichts dazwischen. Es gibt kein *halbschwanger*. Die Kraft wird für das Positive genutzt oder für das Negative. Das ist eine sehr wichtige Grundlage aller Emotionen und Gefühle. Es hört sich hart an, aber an dieser Gesetzmäßigkeit gibt es nichts zu rütteln.

Betrachten wir nochmals den Unterschied zwischen Emotionen und Gefühlen.

Emotionen sind unter anderem:

- Angst
- Unsicherheit
- Frust
- Neid
- Missgunst
- Habgier
- Hochmut
- Begierden
- Zorn
- Eifersucht
- Faulheit

Unter den Gefühlen verstehen wir die höheren Tugenden und wertvolle seelische Errungenschaften wie:

- Demut
- Milde
- Geduld
- Wohlwollen
- Fleiß
- Gerechtigkeit
- Tapferkeit
- Verzeihen
- Mäßigung

Die Emotionen werden von menschlichen Anteilen erzeugt, welche sich noch auf dem Entwicklungsweg in die höheren Ideale befinden. Gefühle werden von Menschen gebildet, die bereits in liebevoller Anbindung an die höheren Ebenen schwingen.

Sobald die Anteile im Menschen ihren Wert, ihre wahre Heimat und ihre Bestimmung im höheren Schöpfungsplan erkannt und sich aus der Abspaltung des Egos gelöst haben, werden für diese Bereiche keine Emotionen mehr erzeugt. Sie schwingen in der Herzebene und werden von dort aus genährt und geführt. Von diesem Moment an löst sich auch die Notwendigkeit auf, sich mit den persönlichen Wesenszügen beschäftigen zu müssen. Es existieren beispielsweise keine Schuldgefühle mehr. Man muss sich seinen Wert nicht mehr vor Augen halten, da kein emotionaler Mangel mehr vorhanden ist. Der Mensch schwingt in der Ordnung der Schöpfung.

Es ist sehr wichtig, dass wir für uns selbst erkennen, welche Energie wir über den Tag produzieren. Außerhalb jeglicher Verurteilung, Scham oder Gut-Sein-Wollen sollten wir mutig und wahrhaftig bereit sein, unseren emotionalen Zustand zu betrachten. Es gibt absolut nichts zu bewerten. Um zu lernen, muss man eintauchen; um zu erkennen, muss man in Kontakt treten. Das Gut-dastehen-wollen ist ein Konstrukt der dunklen Seite, um uns davon abzuhalten, uns neutral und klar zu erkennen.

Einem liebevollen Menschen würde es nicht im Traum einfallen, jemanden in einer emotionalen Phase zu verurteilen. Nur „Steinewerfer" sind dauernd am Verurteilen, meist um sich selbst nicht ansehen zu müssen. Unsere geistige Führung oder die Engelwesen an unserer Seite umarmen uns und versuchen, uns in allen Phasen der emotionalen Erkenntnis zu stützen. Auch wenn wir in der Anfangsphase gar nicht bemerken, was mit uns geschieht, sind die lichten Wesen immer an unserer Seite. Sie geben uns Hinweise und Erkenntnismöglichkeiten, damit wir die Tarnung und Täuschung des Egos erkennen können. Das Ego entwickelt stets eine eigene Schöpfung, eine Abspaltung, als Gegenspieler der höheren Werte. Beginnt der Mensch innerhalb der Täuschung des Egos sein Energiefeld abzuschirmen, sich energetisch zu verstecken oder in Abwehr zu gehen, kann die geistige Führung nicht mithelfen. Freier Wille ist auch hier oberstes Gebot.

Wir brauchen uns innerhalb der Arbeit an uns selbst gar keinen Stress zu machen. Wenn wir unsere Gefühle und Gedanken aufrichtig den Tag über betrachten oder am Abend den Tagesablauf nochmals überdenken, werden wir immer und automatisch an alle wichtigen Aufgaben herangeführt. Der Tag bringt uns unsere Aufgaben, und wenn wir uns bemühen, hinter die Abläufe der Emotionen zu blicken, sind wir immer auf dem richtigen Weg. Nicht nur die Betrachtung des eigenen Seins, auch die Hingabe an die höheren Tugenden spielt eine bedeutende Rolle. Dankbarkeit unterstützt entscheidend den liebevollen Weg. Wirklich gefühlte Dankbarkeit verströmt sich in die Aura des Menschen. Sie erhebt die Herzen. Sind wir beispielsweise dankbar für das Haus, das uns schützt, für den Menschen, der uns gerade eine Erkenntnis erlaubte, strömt die Dankbarkeit genau dorthin. Das Haus wird mit Liebe bestrahlt, und der Mensch erfährt die Dankbarkeit als erhellende Kraft. Alles, worüber wir dankbar sind, wird mit der Kraft der Liebe berührt, auch unsere persönlichen Wesenszüge.

Viele der täglichen Begebenheiten stellen den Hintergrund einer Lernerfahrung dar. Werden Emotionen aktiviert, können wir davon ausgehen, dass sie mit uns selbst zu tun haben. Wenn wir neutral in der Beobachterrolle bestimmte Abläufe registrieren, können wir davon ausgehen, dass wir vielleicht mit der Situation beauftragt wurden, aber persönlich nicht damit behaftet sind.

Dies ist auch der Hintergrund, wenn sich das Spiegelgesetz in diesen Momenten aufhebt. Würden wir, obwohl wir beispielsweise Neid wahrhaft überwunden haben, davon ausgehen, dass jeglicher Neid in unserem Umfeld immer mit uns verbunden sei, wäre es für die dunkle Seite kein Problem, uns stets darin gefangen zu halten. Sobald keine Emotion mehr in uns erzeugt wird, sind wir frei.

Mit großem Einsatz und großer Intensität lässt uns das Ego nur schwer auf die wirklichen Hintergründe einer Situation blicken. Die gefallenen irdischen Kräfte unterstützen diese Denkweise und versuchen stets, eine Auflösung durch Erkenntnis aufzuhalten. Dann sind immer nur die anderen schuld, die Negativität der Menschen wird hochgehalten – und man kann nichts dafür, dass die Welt so schlecht ist. Natürlich sind wir nicht für die anderen zuständig, jedoch durchaus für das, was uns selbst widerfährt. Vielleicht haben wir dem Gegenüber, das wir gerade beschimpfen, in einem früheren Leben genau das Gleiche angetan. Vielleicht sind wir als Jugendliche ebenfalls lauthals lärmend durch die Straßen gezogen und schimpfen heute auf die anderen, weil sie so laut sind und wir nicht schlafen können. Sobald wir wütend werden, steckt das Problem noch in uns selbst.

Liebe wird niemals wütend. Güte nimmt auch schwierige Situationen an; Vergebung wird nicht zornig. Mitunter ist sie traurig und betrübt, aber nicht wütend. Daran können wir klar erkennen, welche Hintergründe vorhanden sind.

Das Ego ist fordernd und drückt seine Ziele durch. Emotionen aus dem Ego manipulieren die Energien im Umfeld und verdunkeln die

Aura. Sie sind hart, kantig und lieblos. Man sieht es den Menschen immer mehr an.

Wer bis zu dieser Seite des Buches gelangt ist, dürfte sich bis in die tiefste Faser seiner Seele bewusst sein, dass der Weg der Liebe und des Herzens der einzig richtige ist. Das Ziel ist ein Leben in Gemeinschaft und Hingabe an das Vollkommene. Ohne Verurteilung, allein in Annahme und Liebe füreinander. Dies ist eine Eigenschaft der Seele, welche ab einem gewissen Entwicklungszustand als deutlicher Wegweiser im Menschen sichtbar wird. Sie zeigt den Weg und vermittelt die Wahrheit über das eigene Herzempfinden. Einen schöneren Weg kann es nicht geben.

In Freiheit und Liebe können wir gemeinsam die neue Art des Lebens feiern. Wir sagen zwar neu, doch eigentlich ist sie so alt wie die Schöpfung selbst. Es ist an der Zeit, das Dasein wieder der Kraft der Liebe zu übergeben. Die negativen Strukturen werden den Planeten verlassen, und wir werden in Harmonie mit den geistigen Kräften eine Welt des Miteinanders, der Liebe und der wahren Erkenntnis erschaffen.

# Charakterqualitäten

Sobald man sich mit den tieferen Hintergründen des menschlichen Charakters beschäftigt, wird man unweigerlich auch mit den *sieben Todsünden* konfrontiert. „Tod“-sünden ist ein wirklich erschreckendes Wort, und sicherlich soll uns der Schock, den das Wort Tod auslöst, auch zur Wachsamkeit aufrütteln.

Die sieben Todsünden sind in der Literatur zumeist aufgeschlüsselt in

- Hochmut / Stolz
- Geiz
- Zorn
- Neid
- Völlerei
- Wollust
- Trägheit

Deren negative Auswirkungen können auf die Energiezentren übertragen werden.

- Kronen-Chakra
- Stirn-Chakra
- Hals-Chakra
- Herz-Chakra

- Solarplexus-Chakra
- Milz-Chakra
- Wurzel-Chakra

Es gibt deutlich mehr Energiezentren und Energiewirbel am Körper und in der Aura, doch wollen wir hier nur die sieben Hauptzentren betrachten. Sie sind mit dem Drüsensystem des Körpers verbunden und haben großen Einfluss auf die Gesundheit eines Menschen.

Betrachten wir die Tugenden, können wir diese ebenso auf das Chakra-System übertragen.

| | |
|---|---|
| Kronen-Chakra | Glaube / Güte |
| Stirn-Chakra | Dankbarkeit / Weisheit |
| Hals-Chakra | Gerechtigkeit / Sanftmut |
| Herz-Chakra | Liebe |
| Solarplexus-Chakra | Mäßigung |
| Milz-Chakra | Hoffnung |
| Wurzel-Chakra | Tapferkeit |

Von den Tugenden hören wir in unserem Alltag immer seltener. Nur wenige nehmen sie zur Kenntnis oder versuchen, diesen Werten mehr Aufmerksamkeit zu widmen.

Eine Tugend ist wie die Strahlkraft Gottes. Wird sie gepflegt, erstarkt sie und führt den Menschen in die göttliche Heimat. Jede Tugend verfügt über entsprechende Zugänge in die Seele und in den Körper. Die Kraft der Tugenden erhöht die Seele, und je mehr wir in der Liebe schwingen, desto lichter wird die Persönlichkeit. Um sie zu aktivieren und zu stärken, bedarf es des inneren Sehnens und der Aufmerksamkeit.

Der Alltag benötigt viel Energie, und der Überlebenskampf nimmt einen immer größeren Rahmen ein. Anstatt bei gutem Verdienst weniger arbeiten zu müssen, geht die Tendenz in die gegensätzliche Richtung. Die Technik sollte dem Menschen die Arbeit erleichtern und ihm mehr Möglichkeiten für das persönliche Weiterkommen bieten, doch genau das Gegenteil ist der Fall. Das ist von jenen Kräften, die sich von den negativen Emotionen ernähren, so geplant und umgesetzt worden. Die Seelen würden sich sonst erheben, und der Nahrungsquell negativer Emotion und Seelenessenz würde verschwinden. Deshalb werden Strukturen erzeugt und festgehalten, welche den Menschen nur noch tiefer in die weltlichen Lebensumstände drängen und gleichzeitig Ängste und Krankheit fördern. Unterdrückung, politische Missstände, Mobbing, Kosten und immer mehr Gesetze, die nicht mehr dem Menschen, sondern nur noch dem System dienen, können wir wahrnehmen.

Es wird stets heftiger. Jedoch genau dieser Druck erlaubt es dem erwachenden Menschen, an die innere Wahrheit zu gelangen. Es wird immer deutlicher, wie sich ein System außerhalb der göttlichen Ordnung verhält. Würde die dunkle Seite dieses Vorgehen nicht offenbaren, könnten wir nicht in der direkten Erfahrung hinter diese Umstände blicken. Wir wüssten nicht, ob wir die Liebe in unseren Herzen bewahren können, auch innerhalb der widrigsten Umstände. Es liegt nun an uns, wie wir damit umgehen werden. Wenn sich der Mensch wohlfühlt und alle Lebensumstände sich als zufriedenstellend erweisen, ist es ein Leichtes, lieb, gütig, ruhig und nachsichtig zu sein. Erst in Stress-Situationen oder widrigen Umständen offenbart sich das tiefste Innere. Hier ist nicht das kurze Aufflammen von Ärger in Alltagssituationen gemeint, sondern das Umkippen der Seelen in die Negativität.

Es wird eine hochgradige Abschlussprüfung gestellt, die wir gemeinsam bewältigen können. Das Schöne daran ist, dass wir, je mehr wir uns der wahren Liebe in unseren Herzen gewahr werden, immer mehr spüren, wie sehr wir von ihr getragen werden. Die äußeren Umstände können nicht mehr den Stellenwert einnehmen, wie das von der lieblosen Seite gewünscht wird. Wir speisen die Güte im Herzen, und die Kraft des Guten erhöht und durchtränkt unsere Aura immer mehr. Das verhindert die Zugriffe der dunklen Seite. Sobald wir uns nicht in Krieg mit ihr befinden, wird ihr kein Zugang mehr gewährt.

Das bedeutet nicht, dass wir sie nicht wahrnehmen und erkennen. Ohne Bewusstsein und Erkenntnis ist auch der Weg des Herzens schwer zu finden. Wie soll man wissen, wie man sich in Kontakt mit der dunklen Seite verhält, wenn man nicht mit ihr konfrontiert wird. Mit Wegschauen kommen wir nicht weiter. Es geht um ein Erkennen ohne Emotion und Bewertung. Um die Wahrnehmung, dass wir dadurch unser Inneres ausloten können und erfahren, wie wir uns, abgetrennt vom göttlichen „Wissen", verhalten.

Je bewusster wir werden, umso klarer kann das Streben nach den Tugenden, den höheren Werten, umgesetzt werden. Wir können nachlesen, dass sich das Wort Tugend aus *tauglich* entwickelt hat. Im Sinne dieses Buches somit tauglich für die höchsten und göttlichen Werte der Seele, umgesetzt im persönlichen Leben. Tauglich vielleicht auch für eine Auslese und Höherschwingung, die in Kürze auf der Erde einsetzen wird.

Deshalb werden wir nachstehend die Tugenden genauer aufschlüsseln und auch kurz auf die unterschiedlichen Ausprägungen eingehen.

# Die sieben Tugenden

Hier sei nochmals hervorgehoben, dass die folgenden Angaben nur Anhaltspunkte darstellen können. Ein Angebot oder eine Zusammenfassung, die angenommen werden kann, wenn sie auch der Wahrheit im eigenen Herzen entspricht. Es gibt sicher den einen oder anderen Punkt, der von Einzelnen anders gesehen wird oder auch als Charakterzug einer anderen Tugend zugeordnet werden möchte. Die Einschätzung bleibt frei, wir sollten nichts fixieren, um nicht selbst anzuhaften.

Wir könnten einige Begriffe auf mehrere Tugenden übertragen, doch sind sie hier in der Regel nur einmal erwähnt. Die meisten Energiezentren sind untereinander vernetzt und bedingen sich gegenseitig. Das ist allerdings nicht vollständig darzustellen, deshalb wurde die nachfolgende Auflistung als Anschauungsobjekt gewählt. Im Grunde sind alle Tugenden ohne die Liebe nicht umsetzbar. Güte beispielsweise ist eine der stärksten Kräfte und strömt aus den höheren Bereichen in alle Ebenen des Seins, während Tapferkeit die Basis für die meisten Tugenden darstellt. Deshalb ist die Unterteilung nur als Ansatz zu verstehen. Am Ende ist alles eins, und das eine ohne das andere nicht umsetzbar.

Eine wichtige Betrachtung ist der Übergang vom Solarplexus, dem Emotional-Chakra, in das Herz-Chakra. Dies ist der Wandel der neuen Zeit: Aus den Emotionen des Egos in die Gefühle des Herzens. Dann sind die niederen Aspekte der unteren drei Energiezentren überwunden, und wir schwingen in den Qualitäten der oberen vier. Diese sind Güte, Dankbarkeit, Sanftmut und Liebe. Dankbarkeit ist einer der wichtigsten Schlüssel für die höheren Aspekte.

Diese Vierergruppe aus *Güte, Dankbarkeit, Sanftmut* und *Liebe* ist eine der wichtigsten energetischen Grundlagen. Die meisten Menschen haben es sich zur Aufgabe gemacht, alle negativen Aspekte der Tugenden zu beleuchten. Die Prüfungen dürfen als solche verstanden und angenommen werden. Wir müssen uns gar nicht dagegen wehren, sondern sie als das verstehen, was sie sind: Lernerfahrungen, Erkenntnisse des lieblosen Weges und in der Folge die Unantastbarkeit der Seele. Wir können innerhalb unseres Alltagslebens diesen höheren Weg beschreiten.

Wenn wir das Gewahrsein verstärken und unsere Emotionen beobachten, sind wir in jedem Fall auf dem richtigen Weg. Die Arbeit an sich selbst und das Richten der Aufmerksamkeit auf das eigene Leben entzieht den Negativen ganz automatisch ihre Kraft. Aufmerksamkeit ist Energie. Wir können immer deutlicher bemerken, dass trotz Computer die Zahl der Formulare und Gesetze ständig mehr wird. Es wird immer komplizierter, und auf diesem Weg versucht man, die Energien zu absorbieren und auf das Gefüge der Welt zu richten. „Gebt dem Kaiser, was des Kaisers", wurde uns gesagt. Wenn wir das berücksichtigen, dann wird das Datenblatt eben ausgefüllt, ohne allzu viel Energie dafür zu verwenden. Die Wahrheit macht uns frei. Erkenntnis und Wissen erhellen unseren Alltag, und wir schreiten gemeinsam in den Schwingungen der Liebe voran auf unserem Weg.

Die Betrachtung der Tugenden zeigt uns einen äußerst wichtigen Aspekt. Die Tugend selbst ist nicht gespalten. Sie ist nicht dual oder in zwei Bereiche aufgeteilt. Die Tugend ist als Seelenenergie vorhanden und kann, auf dem Weg zur Vollkommenheit, angestrebt werden. Anders verhält es sich mit den Untugenden, mit den sogenannten *Sünden*. Das Wort *Sünde* werden wir im weiteren Verlauf des Buches nicht mehr benutzen. Wer sich aufmacht, die lichtvollen Qualitäten seiner Seele zu vervollkommnen, hat die alten Aspekte der 'Sünder' bereits überwunden. Jetzt geht es um die Feinheiten, um die höheren Qualitäten des menschlichen Seins. Deshalb sollten wir uns auch nicht verurteilen, wenn wir die eine oder andere „Ausschweifung" noch im Inneren wahrnehmen. Stehen wir einfach dazu. Laden wir sie ein und beleuchten sie. Wird sie mit dem gleichzeitigen Gefühl der Liebe bestrahlt, schwindet sie immer mehr – und unsere Aura wird frei.

Die Untugenden erstrecken sich in zwei sehr unterschiedliche Richtungen. In der allgemeinen Betrachtung erhält dieser Umstand wenig Aufmerksamkeit. Wird eine Seite der Untugend erlebt, kippt sie nach deren Realisierung erst einmal kräftig in die andere Richtung. Beispielsweise konnte bei der Unterdrückung der Frau dieser Umstand deutlich wahrgenommen werden. Nach dem Erwachen und Realisieren vieler Frauen, wie stark ihre Wertschätzung und Kraft unterdrückt wurde, kippte die Emotion zunächst in massiven Zorn, Rache und heftige Auflehnung. Das ist eine menschliche Reaktion. Auch das globale Feld erlebte diesen Umschwung. Wurde der gegenüberliegende Aspekt ebenfalls erkannt, kann die Harmonisierung in die Mitte erfolgen. Wenn wir nicht beide Seiten einer Untugend betrachten, können wir schwerlich den Mittelweg finden. Damit ist das Zuviel und das Zuwenig gemeint, sozusagen die Schwäche oder der Überschwang. Der Volksmund wusste das sehr wohl. Sagte er uns doch: „Du bist aus deiner Mitte gefallen." Man spricht auch konkret vom *goldenen Mittelweg*. Energetisch betrachtet, können wir uns ein nach oben gerichtetes Pendel vorstellen, das jeweils in zwei Richtungen ausschlägt und erst dann genau einrasten kann, wenn beide Seiten vollkommen in der Tugend schwingen. Dann schmiegt es sich in das vorgegebene Gefüge ein. Ein Beispiel dafür ist die Tapferkeit: Das eine Extrem zeigt Feigheit, das andere Tollkühnheit. Freigiebigkeit hingegen ist die Mitte zwischen Geiz und Verschwendung.

Auch werden die Tugenden gerne als altmodisch dargestellt, als ein Überbleibsel einer vergangenen Zeit, welche mit der modernen kaum mehr zu vereinbaren sei. So manche Untugend wird als alltagstauglich, als *wohnzimmerkonform,* dargestellt, um zu verschleiern, wie wichtig deren Bearbeitung wäre. Nehmen wir als Beispiel „Geiz ist geil!" Selbstverständlich freut man sich, wenn man ein überteuertes Kleidungsstück im Ausverkauf billiger erhält. Jedoch wird auf diese überdrehte Art und Weise die Gier angestachelt, ohne Rücksicht auf Verluste das Billigste zu ergattern. Ohne den Gedanken, welches Tier vielleicht schlecht behandelt wurde, ob Kinderarbeit dahinter steckt, ob die Arbeiter ordentlich entlohnt wurden, die Qualität leidet oder die Erde und die Ressourcen belastet wurden. Hauptsache billig. Wir können den negativen Aspekt leicht an den Emotionen erkennen, die aktiviert werden und im Inneren fühlbar sind.

Starten wir mit der Aufschlüsselung im untersten Energiezentrum. Hier formt sich die Tapferkeit, welche als Kraftquell aller weiteren Tugenden dient. Auch wenn manche Spalten etwas dünner erscheinen, sind die wenigen Angaben dennoch als gewichtig zu betrachten, da sie in ihren Auswirkungen mitunter viele negative Seiten mit einbeziehen.

## Basis-Energiezentrum

*Tugend* **Tapferkeit, Mut, Solidarität mit allem Leben**

- Basiskraft des Seins
- Tatkraft zur Umsetzung innerer Erkenntnisse
- Kontakt und Liebesverbindung zur Schöpfung, zu allen Wesen, Tieren, Pflanzen, Erde, Kosmos
- Tiefgründigkeit
- Wahre Erkenntnis
- Standhaftigkeit
- Freiheit von Belastung
- Freude am Sein
- Verantwortung für den Nächsten
- Das Schätzen der Erfahrung mit anderen Menschen

*Zu überwinden:* **Trägheit**

| **Zu viel** | **Zu wenig** |
|---|---|
| Überschwänglichkeit | Existenzangst |
| Oberflächlichkeit | Unsicherheit |
| Materialismus | Schuldgefühle |
| Egoismus | Feigheit |
| Tollkühnheit | Lustlosigkeit |
| | Ignoranz |
| | Denkfaulheit |

## Zweites Energiezentrum

*Tugend* **Hoffnung, Vertrauen, Lebensfreude**

- Vertrauen in die göttliche Führung
- Loslassen materieller Güter im Sinne höherer Erkenntnis
- Tiefes Wissen und Erkennen der Nähe göttlicher Liebe
- Wahrnehmung des Seins ohne Bewertung anderer
- Tiefe Freude am Sein
- Zufriedenheit
- Ernsthafte Suche nach dem Sinn des Lebens
- Gewissheit der geistigen Führung
- Frei sein von Mangel und Gedanken der Einsamkeit

*Zu überwinden* **Wollust**

| **Zu viel** | **Zu wenig** |
|---|---|
| Reizbarkeit | Verzweiflung |
| Sexuelle Eroberungssucht durch Selbstwertmangel | Sorge |
| | Depression |
| Angst | Suchtverhalten |
| Manipulier-Gehabe | Gutmenschentum |
| Überdrehte Freude | Empfindungsarmut |
| Überdrehte Erwartungshaltung | Gefühl der Gottferne |
| | Kontrollzwang |
| | falsche Hoffnung |
| | Kraftmangel |

## Solarplexus-Zentrum

*Tugend* **Mäßigung, Besonnenheit, Geborgenheit**

- Erlangung der Tugend des Maßhaltens
- Geborgenheit im göttlichen Schutz
- Lebenskraft wird aus göttlichen Ebenen gespeist
- Innere Ruhe in der Wahrnehmung höchster Liebe
- Zufriedenheit im Wissen um die Nähe der Geistigen Welt
- Die Fülle der Liebe schwingt im Inneren des Herzens
- Emotionen werden zu Erkenntnis
- Wertschätzung anderer Menschen
- Kraft der Unterscheidung

*Zu überwinden* **Völlerei**

| **Zu viel** | **Zu wenig** |
|---|---|
| Maßlosigkeit | Unzufriedenheit |
| Ausschweifung | Ungeduld |
| Immer-mehr-wollen | Mangelbewusstsein |
| Überdrehte Durchsetzungskraft | Schwächegefühle |
| Genussvolles Begehren | Apathie |
| Trinksucht, Fresssucht | Messie-Allüren |
| Verschwendung | |
| Die Ressourcen des Planeten werden verbraucht | |

## Herz-Zentrum

*Tugend* **Höhere Liebe**

- Wertschätzung allen Seins
- Optimismus im Fühlen der göttlichen Nähe
- Freie Verbundenheit
- Kontakt zur Seelenebene
- Wahrnehmung höherer Botschaften
- Nähe zur Geistigen Welt
- Öffnung höchster Energieportale
- Sicherheit in der Liebe des Höchsten
- Worte und Taten erfolgen aus höherer Liebe
- Kraft wird aus höherer Ebene bezogen
- Zugang zur inneren Wahrheit
- Entscheidungskraft erfolgt in Harmonie mit dem Schöpferstrom

*Zu überwinden* **Neid, Grausamkeit**

| **Zu viel** | **Zu wenig** |
|---|---|
| Neid, Missgunst | Trauer |
| Schadenfreude | Hörigkeit |
| Denunziation, üble Nachrede | Schwäche |
| Verurteilung ohne Empathie | Aus Mangel vergleichen und bewerten |
| Verrat | Zweifel |
| Eifersucht | Unsicherheit |
| Zerstörungswut | |
| Rache | |

## Hals-Zentrum

*Tugend* **Gerechtigkeit, Sanftmut, Geduld, Vergebung**

- Milde durch die Herzliebe
- Vertrauen auf den Schutz des Höchsten
- Geduld im Wissen um die höchste Ordnung
- Wahrhaftigkeit
- Negativität von außen wird in Liebe erkannt
- Die Aura ist frei und stabil
- Energiefluss strömt aus höheren Ebenen
- Behutsamkeit in der Empfindung anderer
- Nachgiebigkeit aus höherer Sicht
- Sanftmut aus Liebe
- Vergebung im persönlichen Bereich

*Zu überwinden* **Zorn, Gewalt**

| **Zu viel** | **Zu wenig** |
|---|---|
| Gewalttätigkeit | Gleichgültigkeit |
| Aggression | Unsicherheit |
| Unzufriedenheit | Verschlossenheit |
| Bitterkeit | Zynismus |
| Groll | Kann nicht vergeben |
| Jähzorn, Wut | |

## Stirn-Zentrum

*Tugend* **Weisheit, Dankbarkeit**

- Öffnet die Liebe und das Geben
- Dankbarkeit strömt als Basis aller Tugenden
- Spiritualität aus göttlicher Sicht wird aktiviert
- Weisheit mit der Kraft des Herzens
- Echte Wahrnehmung der Hintergründe
- Freiheit von weltlichen Bedürfnissen
- Wahre Intuition
- Mitgefühl aus Verstehen und Liebe
- Wirkt positiv auf alle Charakterzüge
- Ist die Basis des Herzensweges
- Telepathie
- Dankbarkeit ist die wichtigste Form der Liebe

*Zu überwinden* **Geiz, Habgier**

| **Zu viel** | **Zu wenig** |
|---|---|
| Streben nach materiellen Dingen | Angst vor Verlust |
| Übertriebenes Sammeln | Gelangweilt |
| Abzocker | Krankhafte Sparsamkeit, Geiz |
| Überdrehte Schnäppchenjäger | Intoleranz |
| Begierde, Gewinnsucht | Verdrehte Hoffnung |
| Fanatismus | Mehr wollen, als man gibt. |

Dankbarkeit ist nach der Göttlichen Liebe der wichtigste Aspekt auf dem Weg in die Vollkommenheit. Ohne Dankbarkeit ist ein spiritueller Weg nicht möglich. Sie öffnet die Portale in die lichtvollen Ebenen und erlaubt das Geben. Wer dankbar ist und leicht geben kann, ist schon weit fortgeschritten in der Verwirklichung der höheren Tugenden.

Dankbarkeit ist die Basis des spirituellen Weges. Sie ist die wichtigste Form der Liebe. Wir sollten uns täglich um innere Dankbarkeit bemühen.

---

## Kronen-Zentrum

*Tugend* **Glaube, Güte, wahre Freude**

- Freude über das Gottesgeschenk Fürsorge und Liebe
- Glaube an die Vollkommenheit, welche sich als inneres Wissen manifestiert
- Tiefe Verbundenheit mit allem Sein
- Barmherzigkeit
- Wohlwollen
- Getragen durch die höchste Quelle
- Verbindung zu wahrhafter Inspiration
- Streben nach höchsten Seelenwerten
- Freude edler Seelen im Mitmenschen

*Zu überwinden* **Hochmut, Stolz**

| **Zu viel** | **Zu wenig** |
|---|---|
| Unnachgiebigkeit, Strenge | Ziellosigkeit |
| Ich-weiß-es-besser-Syndrom | Unsicherheit |
| Egoismus | Leicht zu manipulieren |
| Selbstüberschätzung | Lehnt Menschlichkeit ab |
| Man kann selbst alles, braucht keinen Gott | Heuchelei |
| | Schadenfreude |
| Trotz | |
| Kopflastigkeit | |
| Man ist besser als der andere | |

# Alte Verführungen im modernen Gewand

In Umfragen wurde herausgefunden, dass viele Menschen Feigheit, Selbstsucht, Hochmut, Heuchelei, Grausamkeit, Intoleranz, Zynismus, Reizbarkeit und Ungeduld als die stärksten Untugenden der Moderne beklagen. Selbstverständlich sind diese Charakterschwächen nicht neu, dennoch erscheinen sie den Menschen als herausragende Untugenden in ihrem Alltagsleben.

In einer Studie wurde festgestellt, dass viele Autofahrer an einem Unfall mit einem überschlagenen Wagen vorbeifuhren, obwohl Menschen regungslos daneben lagen. Nur wenige stiegen aus und wollten helfen. Die meisten blickten kurz auf das Auto und die reglosen Menschen, danach in den Rückspiegel, fuhren weiter und taten, als hätten sie nichts gesehen. Diese Leute wurden angehalten und befragt, warum sie nicht geholfen hätten. Manche erzählten, dass sie meinten, der Fahrer nach ihnen würde anhalten oder es sei sicher schon Hilfe unterwegs. Kaum jemand gestand sich wirklich ein, dass eventuell Feigheit oder Angst dahintersteckte.

Leider wird in unserer Gesellschaft das Streben nach höheren Werten meist nur minimal beachtet. Auch nach der Enttarnung eines großen Charaktermangels machen sich die wenigsten bewusst, dass die Situation vielleicht genau deshalb geschehen musste, um diese aufzudecken. Sie versuchen im Gegenteil, sich wieder gut darzustellen, und gleichen dann nicht selten die Scham mit großen Umtrieben aus. Sie belügen sich selbst und deckeln das aufkeimende Herzgefühl, indem sie sich schnell wieder ablenken. Die Fülle an Ablenkung ist in unserer modernen Gesellschaft ja zur Genüge vorhanden.

Durch die vielen Schuldzuweisungen, die man nicht nur von der Herrscherelite, sondern auch von Mitmenschen erleben kann, soll andererseits auch Scham erzeugt werden. Wer sich schämt, geht nicht in seine Kraft.

Die Absicht dieses Buches liegt vor allem darin, das eigene göttliche Sein zu entfalten. Sich selbst zu hinterfragen und zu prüfen, welche Charakterschwächen noch im Inneren aktiv sind, um sie zu wandeln. Dies ist vermutlich die schwerste, aber auch die wichtigste Aufgabe des Menschseins. Der beste Ratgeber wirkt über das Herz, und der wirkungsvollste Lehrer ist das eigene Alltagsleben. Deshalb werden wir hier nur einige Beispiele aufzeigen, nicht um zu werten, sondern um anzuregen. Wir können das Bewusstsein schärfen, um im weiteren Verlauf genauer auf die Emotionen im eigenen Inneren zu reagieren.

Man wird als Mensch der Moderne in der Regel danach beurteilt, wie gut man sich im Leben durchsetzen kann, und nicht inwieweit man Güte, Mitgefühl, Aufrichtigkeit oder emotionale Intelligenz entwickelt hat. Wir werden danach beurteilt, wie viel Leistung wir bringen, wie konkurrenzfähig wir sind und ob wir auch unter Stress und Zeitdruck funktionieren. Wir sollen zu Schnäppchenjägern mutieren, um die Relation zwischen Preis-Leistung zu verlieren: Viel bekommen und wenig bezahlen. Wir werden mit sexuellen Reizen überflutet; und Spaß auf Kosten anderer ist an der Tagesordnung. Wir sollen nicht nur essen, sondern am besten fressen, um Umsatz zu generieren. Rachsucht, Selbstüberschätzung, Gewinner-Sein und Erfolg über jeglichen Anstand hinaus ist angesagt. Um im Wettbewerb der Beste zu sein, darf die Konkurrenz niedergemacht werden. Im Grunde alles Vorgaben, die es einer Machtelite erleichtert, die Massen zu kontrollieren und zu manipulieren. Alle sind beschäftigt. Die treibende Kraft in der Gesellschaft führt somit in eine Negativspirale. Das individuelle Erwachen soll unterdrückt werden.

Dieses zwanghafte und manipulierende Vorgehen der negativen Seite erlaubt es jedoch im Gegenzug den erwachenden Seelen in besonderem Maße, ihre Tatkraft zu aktivieren und trotz der Hindernisse mutig den eigenen Erkenntnisweg anzutreten. Nur wer jetzt wirklich bereit ist, wird die notwendige Kraft aufbringen. Nicht im Kampf, sondern in der eigenen Wandlung restlicher Ego-Anteile. Sobald wir erkennen, dass eine bestimmte Tomatensorte genmanipuliert ist, müssen wir sie nicht mehr kaufen. Wir können selbst entscheiden. Wenn wir uns umschauen, erkennen wir viele Alternativen und gute Wege, um gesund und wohlbehalten durch diese Zeit zu gelangen.

Die Muster und Strukturen der lieblosen Seite, welche bereits vor Jahrhunderten programmiert wurden, greifen nun bedingungslos in den Alltag aller Menschen ein. Für alles muss bezahlt und alles muss erkämpft werden. Um zu überleben, benötigt man Geld, dieses muss man verdienen, und mit dieser „Pflicht" können viele Menschen gebunden und manipuliert werden. Die Erde wird ausgebeutet und verdreckt, die Tiere trotz vieler Verbesserungen immer noch als Sache gehandhabt und nicht selten schrecklich gequält.

Raffgier soll über Billigprodukte angeregt werden. Trägheit sei in Ordnung, da man bekanntlich so überlastet sei. Hupen, Aggression und Drängeln auf der Straße gehört fast schon zur Normalität, da man sich ja selbst entfalten soll. Lautwerden in Gesprächen gehört zur Selbstdarstellung, und über Eitelkeit wird nur gelächelt, anstatt sie als Untugend zu erkennen. In Diskussionen wird nicht nach dem Schwingungsfeld der Wahrheit gesucht, sondern der andere noch unterbrochen und in seinen Ausführungen gestört. Selbst in Kindersendungen nimmt die Gewalt zu, und negative Qualitäten sind *geil.* Die lieblose Seite möchte den wahren Sinn des menschlichen Daseins komplett verschleiern. Aus deren Sicht ist dieses Vorgehen sogar verständlich. Doch auch diese Vorgaben erlauben es dem erwachenden Menschen, die wahren Hintergründe zu erkennen. Verändern wir uns selbst, nehmen wir nicht teil an Hetzjagden oder gar an einem energetischen Krieg. Wir können uns liebevoll lösen und auf dem Weg des Guten voranschreiten. Wir können erleben, wie die blockierenden Zugriffe abgelöst werden. Unsere Seelenführung wird uns in Liebe auf unserem Weg führen und stärken.

Inzwischen begreifen immer mehr Menschen, dass Missgunst, Lieblosigkeit, Lug und Trug oder das dauernde immer noch mehr Umsatz generieren zu müssen nicht der Weg einer wahrhaft geistig-seelisch wachsenden Gesellschaft sein kann. Viele streben nach Veränderung, und hinter all den derzeit noch aktiven dunklen Machenschaften arbeiten bereits viele erwachte Menschen an einer Erneuerung. Die Pläne liegen bereit für einen Wandel. Manchen ist es bereits jetzt schon möglich, den Kurs auf das Wohl aller auszurichten. Dann werden die Menschen nicht mit dauernd neu bindenden Verträgen in die Systeme gepresst. Es wird auf Nachhaltigkeit gesetzt sowie auf ein faires und gutes Miteinander. Das setzt natürlich nicht nur die Veränderung innerhalb von Firmen oder Betrieben voraus, sondern auch von den Käufern oder Konsumenten.

Wenn wir unseren Kindern in der Schule bereits vermitteln würden, dass alle Menschen für einen bestimmten Zweck auf der Erde sind und ein liebevolles Miteinander das Ziel darstellt, würde sich vieles zum Besseren wenden.

Wir befinden uns in einer Zeit der persönlichen Entscheidungen. Das muss nicht heißen, dass man etwa seine Arbeit sofort kündigen muss. Vielleicht werden die positiven und auf Veränderung gerichteten Werte genau an diesem Ort benötigt. Vielleicht besteht die Aufgabe darin, feinstoffliche, geistige Informationen durch die reine Anwesenheit auf die Mitarbeiter und Kollegen zu übertragen; oder man soll den Mut aufbringen, der geistigen Führung zu vertrauen und seinen Arbeitsplatz wechseln. Das kann immer nur individuell und persönlich entschieden werden. Die Umsetzung sollte in Harmonie mit den inneren Seelenkräften und der Weisheit des Herzens erfolgen: Aus der Ruhe heraus und nicht aus der Emotion.

- Die Herzinformation ist ruhig, sie zwingt nicht und fordert nicht.

Es ist wichtig, zuerst die eigenen Emotionen zu überprüfen. Wir wissen, solange noch Emotionen wirksam sind, hat es mit uns zu tun. Hat man eventuell vorhandene eigene Macht- und Konkurrenzstrukturen abgelegt oder gelernt, mit mehr Nachsicht und Güte den Stress seiner Mitmenschen zu betrachten, wird es ruhiger im eigenen Inneren. Im Vertrauen auf die Lernerfahrungen und im Wissen um die Liebe und Führung des Höchsten kann sich Tatkraft und innere Klarheit einstellen. Dies sollte der Hintergrund jeder Entscheidung sein.

Ein weiterer Aspekt in der Verführungsstrategie der lieblosen Seite ist das ständige Rütteln am Thema Habgier. Die ständige Konsumaktivierung, die Reizüberflutung, Zeitdruck, Stress in der Arbeit und vieles mehr machen es mitunter schwer, die Hintergründe zu entschlüsseln.

Einem Abzocker wird heute Anerkennung gezollt. Je mehr Profit herausgeschlagen wurde, umso besser. Die krassesten Situationen ereignen sich an den Verkaufsständen oder sofort nach Eröffnen eines Geschäftes, wenn Billigwaren oder Schnäppchen angepriesen werden. Dann kann man froh sein, wenn man neben den Ellenbogen nicht noch die Schwerter herausragen sieht. Da geht es nicht nur um das Bedürfnis, günstig einzukaufen, sondern auch um Kampf und um Vorherrschaft. Es ist wie im Krieg. In der Aura der Menschen und in jener des Geschäftes lauern die Waben und Wesenheiten zu Hunderten, um diese Emotionen aufzunehmen. Sie stacheln die „Teilnehmer/innen“ noch weiter an, damit ja viel Gier, Gewinnsucht oder Kampfenergie produziert wird. Je mehr Menschen derartige Emotionen produzieren, desto niederer wird die Schwingung. Hier möchten wir nochmals wiederholen, dass es nicht darum geht, mit Bedacht günstig einzukaufen, sondern um die Gier und die Kampfeslust, die im Inneren angeregt wird.

Wird man davon mitgerissen, denkt meist niemand mehr an die Qualität der Produkte. An die Gifte und Pestizide, die vielleicht eingesetzt wurden, um Arbeitskraft zu sparen; oder vielleicht an die arme Rentnerin, die das günstige Produkt vielleicht viel mehr benötigen würde als man selbst.

Auch wenn man bereits liebevoll an den Tugenden arbeitet, kann das Buffet bei der betrieblichen Weihnachtsfeier oder am Geburtstag eines Freundes eine Herausforderung darstellen. Mitunter werden noch eigene alte Mangelerfahrungen oder Hungerphasen aus früheren Inkarnationen berührt, doch die Emotion von Gier und Überlebenskampf kann auch von anhaftenden Energiewaben oder Wesen aufgenommen werden. Ein feinfühligerr Mensch wird sich dieser Wahrnehmung nicht entziehen können, da es kaum ein Buffet gibt, über dem sich nicht feinstoffliche „Teilnehmer“ befinden.

Die Wahrnehmung von Emotionen oder Gedanken bedeutet nicht sofort, dass man selbst die Belastung in sich trägt. Viele empathische Menschen können diese Zugriffe auf der Energieebene wahrnehmen. Dann gilt es, das Bewusstsein zu schärfen und aufmerksam den weiteren Verlauf zu verfolgen.

- Das Bewusstsein macht uns frei.

Derartige Wesen sind mit den verschiedensten Ausrichtungen allgegenwärtig um uns herum. Wenn wir erkennen, dass sie uns bei vorhandenem eigenen Mangel die notwendigen Hinweise liefern, brauchen wir ihnen nicht böse zu sein. Sie machen ihren Job. Wir können in neutraler Wahrnehmung liebevoll diese tieferen Hintergründe erkennen und ihnen alles Gute wünschen. Ohne Wut oder Verurteilung einfach wahrnehmen und ihnen das Beste wünschen. Das beendet den äußeren Einfluss, und man kann ruhig, aus der eigenen Mitte heraus, entscheiden, wie groß die Menge auf dem eigenen Teller aussehen soll.

Sobald das innere Gefühl der Liebe strömt, weichen eventuelle Zugriffe sofort aus dem System. Diese Energie können sie weder verdauen noch aushalten. Der gute Wunsch, wenn sie ihn annehmen, ermöglicht auch solchen Einheiten eine Erkenntnis.

Auch der Neid ist ein großes Thema unserer Gesellschaft. Eine kurzzeitige Erfüllung materieller Wünsche oder persönlicher Bedürfnisse soll eine Scheinbefriedigung erwecken, um die Menschen davon abzuhalten, den wahren Hintergrund zu erkennen.

Ein erwachter Mensch ist nicht davon abzubringen, die tieferen Hintergründe zu beleuchten. Er arbeitet zuerst an sich selbst und wird im weiteren Verlauf die erfahrene Fülle und Liebe in das Kollektiv der Menschheit abgeben. Wir sind für uns selbst auf der Erde, aber auch für unsere Mitmenschen. Alles, was wir für uns selbst erkennen und wandeln, geht automatisch als Information in das energetische Gesamtfeld des Planeten über. Je mehr Menschen dieses Feld stärken und nähren, umso leichter fällt es den Menschen, die jetzt neu und in dieser Sekunde erwachen.

Im Grunde kann man in der Aufschlüsselung der lieblosen Seite der Tugenden alle Hintergründe erkennen, die sich für uns Menschen darstellen lassen. Das ist sehr individuell und sollte auch von jedem erwachten Menschen für sich selbst definiert werden. Dass Stolz und

Hochmut neben der Trägheit die Emotionen sind, welche das ganze System blockieren können, muss nicht weiter erläutert werden.

Eine große Verschleierung verbirgt sich hinter den Bewertungen und Urteilen, die wir ständig abgeben sollen. Es ist absolut nachzuvollziehen, dass sich ein Unternehmen, dessen Produkte aufrichtig und gut sind, um positive Bewertungen bemüht. Dies wollen wir in keiner Weise kritisieren. Es geht uns hier hauptsächlich um das übersteigerte Bewerten von Menschen oder Dingen. Alles soll bewertet und beurteilt werden: Daumen hoch, Daumen runter oder ein Kommentar. Man könnte den ganzen Tag damit verbringen, ohne Zeit zu finden, an den eigenen Tugenden zu arbeiten oder das Bewusstsein weiter zu schärfen. Das bindet die Seelen an das System. Nicht selten wird das kleine Ego im Menschen angeheizt und beschäftigt, es wird mit scheinbarer Bedeutsamkeit überschüttet. Diese Fehl-Energie dient nicht selten der *Teil*ung wichtiger *Ur*-Energien, die dem Menschen in der Folge eine gewisse Zeit nicht mehr zur Verfügung stehen.

Viele Menschen bemerken inzwischen diese zeitraubende, übersteigerte Vereinnahmung persönlicher Kraftenergie. Aufmerksamkeit ist Energie. Wenn wir einem Menschen, den wir gut finden, unsere Aufmerksamkeit schenken wollen, ist das überhaupt kein Problem. Dann hat das Bewusstsein entschieden. Manche Menschen jedoch sind inzwischen so manipuliert, dass sie gar nicht mehr merken, was sie da tun. Sie erscheinen wie Zombies. Sollen uns die vielen neuen Zombie-Filme darauf vorbereiten, wie die Machtelite oder die dunkle Seite uns gerne hätte?

Zwei Punkte sollen hier noch angesprochen werden: Der Straßenverkehr und das zornerfüllte Sprechen über andere.

Auf den Straßen kann man seit einiger Zeit wieder eine deutliche Verdichtung in der feinstofflichen Ebene erkennen. Vor allem an energetischen Schwachpunkten oder an stark befahrenen Straßen lagern viele lieblose Einheiten, die sich am Druck, Stress und Ärger der Autofahrer laben wollen. Gleichzeitig machen sie uns aber auch darauf aufmerksam, wie schnell wir in bestimmten Situationen noch beeinflussbar sind. Zeitdruck oder unverarbeitete Emotionen, Stress und Hektik zermürben unsere Aufmerksamkeit, und ganz schnell wird aus dem liebevollen: „Ach, der Opa da vorne kann halt nicht schneller." ein: „Kann der Volldepp nicht schneller fahren!" mit einer gehörigen Portion Zorn, die dann über den Fahrer ausgeschüttet wird.

Einen wichtigen Aspekt zeigen uns auch die Gespräche in der Nachbarschaft. So treffen wir die Nachbarin, die sehr wütend und emotional darüber herzieht, dass der nächste Nachbar alle Äste eines Grenzbaumes in ihr Grundstück wachsen lässt. Sie muss ständig die Blätter wegrechen, und der Schatten verdunkelt ihr Zimmer. Verstärken wir mit eigenen aufgestauten Zornenergien das Emotionsfeld, sind wir sofort daran beteiligt. Nicht nur die eigene Aura verfinstert sich, sondern die niedere Energie wird auch auf den Nachbarn gestülpt. Er wird in seinen Energien geschwächt, und wir wissen nicht einmal, welche Hintergründe tatsächlich vorhanden sind. Wir hören nur eine Seite. Die Reaktion von Mitschimpfen und Bewerten erfolgt vor allem dann, wenn eigene alte unverarbeitete Demütigungen oder Unterdrückungen im System wirksam sind. Dann gilt es, damit zu arbeiten.

Vielleicht möchte die Nachbarin nur angehört werden, ohne eine Lösung zu erwarten. Fühlt man jedoch eine Lösungsmöglichkeit, kann sie ausgesprochen werden. Sobald in Gesprächen keine Verurteilung fällt, sondern Annahme und Gleichmut, verbessert sich die energetische Grundsituation. In der Seele sind alle Menschen dankbar, wenn sie nicht in ihrem Zorn unterstützt, sondern auf den Weg der Liebe aufmerksam gemacht werden. Auch dem Nachbarn wird feinstofflich sofort eine liebevolle Möglichkeit vermittelt, die er annehmen kann. Jedes Problem ergibt ein Feld. Je größer das Problem, desto dichter und stärker die Energie darin. Ein starkes Problemfeld kann durchaus einen schwachen Menschen erfassen und diesen zur Hetze aktivieren. Wir können uns selbst gut erkennen, wenn wir unsere Worte und Emotionen in einer solchen Situation beachten.

Immer wieder möchte man uns einschärfen, dass die lieblose Seite der Tugenden einfach nur Marotten seien. Die dürfe man doch ausleben im Zuge der Selbstverwirklichung. Die Übervorteilung anderer sei normal, Daueraggression gehöre dazu und die Verurteilung anderer sei Alltagsbeschäftigung. So oft erleben wir, dass man von seinem Gegenüber im Gespräch ständig unterbrochen wird, da dieser seine Ausführungen für das Wichtigste hält und über alles stellt. Oder beim Treffen mit einer alten Kollegin hört man nur von Krankheiten und Geschichten über andere Menschen; man selbst wurde gar nicht gefragt, wie es einem geht. Das Ego wird überall aktiviert, und die dunklen Seiten werden ausgelebt. Die Manipulation gegen die Menschlichkeit ist überall aktiv.

Doch je mehr die dunkle Seite drückt und versucht, die große Masse der Bevölkerung in diese Richtung zu bewegen, umso intensiver erfolgt die Rückkehr der erwachten Menschen zu den Tugenden. Das erinnert an den Ausspruch in Goethes Faust: „Ich bin ein Teil von jener Kraft, die stets das Böse will und doch das Gute schafft." Wir können gerade erleben, dass genau das Übermaß an negativem Zugriff, an bestialischer Gewalt in Filmen, an Obszönitäten, an sexueller Abartigkeit oder Früh-Sexualisierung, an Ausbeutung von Arbeitskräften oder ungerechter Güterverteilung vielen Menschen aufzeigt, dass in diesem System etwas ganz und gar nicht stimmt. Es gab in jedem Jahrhundert Zugriffe der Machteliten, von negativen feinstofflichen Wesen in und um der Erde sowie von außerirdischen oder inkarnierten Dunkelwesen. Stets versuchten sie, ihre Macht und ihren Einfluss auszudehnen. Konkurrenzkämpfe innerhalb der verschiedenen Machtgruppen waren und sind an der Tagesordnung.

Für die Offenlegung der dunklen Wirkungsweisen, auch zu Erfahrungszwecken für die Menschen, wurde den Negativen ein gewisser Spielraum im Weltengefüge zugestanden. Diesen haben sie nun komplett überschritten, und es wird ihnen in der Folge jeglicher Zugriff verwehrt. Jetzt erfüllt sich die Prophezeiung des großen Wandels. Das Dunkle kann nichts Neues mehr erschaffen, die Energie wird ihnen entzogen, und das Zeitalter der Erkenntnis und der Liebe wird sich entfalten. Noch sind die Nachwirkungen aktiv, doch der Zeitpunkt wird kommen, an denen auch diese überwunden sind. Es liegt nun an jedem Menschen selbst, welchen Schwingungsbereich er für sich wählt.

Es entwickelt sich bereits deutlich mehr Gutes auf unserer Erde, als uns mitgeteilt wird. So viele Menschen reifen in ein Erkennen und Begreifen und wenden sich zum Guten. Das erlöschende Dunkle wird mit Liebe erhellt. Die Ideen zur Erneuerung des Schulsystems stehen am Start, menschenfreundliche Währungsformen werden veröffentlicht, freie Energien werden erfolgreich getestet und der liebevolle Umgang mit Tieren setzt sich immer deutlicher durch. Viele gute Veränderungen sind auf den Weg gebracht. Dieses Wissen erfüllt unser Wesen mit Dankbarkeit und wahrer Freude. Die Geistige Welt begleitet und führt alle Menschen in ein Zeitalter der Liebe.

# Wahre Freude

Wir unterscheiden in dieser Betrachtung den Spaß von der Freude. Wer sich freut, wenn andere Menschen stürzen und sich verletzen oder wer Spaß daran findet, andere übel zu hintergehen, hat den wahren Sinn von Freude noch nicht erfasst.

Für eine ausgeglichene Seele ist wahre Freude sehr wichtig. Freude über junge Mütter beispielsweise, die so liebevoll und verständig mit ihren Kindern sprechen. Tiere, die ihre Herrchen und Frauchen voller Hingabe verehren und ihnen treu zur Seite stehen. Ein kleiner Vogel, der sein Gefieder putzt. Vogelschwärme, die den Himmel durchstreifen. Es gibt so viele schöne Dinge auf dieser Welt. Nehmen wir uns die Zeit, diese zu betrachten. Das erhebt die Seelen, und die positiven Schwingungen verstärken sich.

Es ist auch wichtig, sich über sich selbst zu freuen, wenn man bestimmte Werte bereits verwirklichen konnte. Wahre Freude über das Fühlen der erlangten Tugenden; Freude über die Hilfe aus der Geistigen Welt und der eigenen höheren Seelenanteile, welche im Feinstofflichen über uns wachen. Ohne Überheblichkeit, sondern in ehrlicher Dankbarkeit können wir uns darüber freuen, wenn wir bestimmte Untugenden bereits überwunden haben. Eigenes Bemühen und die Gnade des Göttlichen sind die beiden zentralen Aspekte des Heimweges. Dann geht Freude in Dankbarkeit und Demut über.

Befinden wir uns in der Fülle der Liebe und der Freude, können wir diese Kraft mit der Bitte um Stärkung für die Mitmenschen weitergeben, die sie gerade besonders benötigen.

Folgendes Gebet an die geistige Führung kann dafür eingesetzt werden:

> Die Freude in unseren Herzen möchten wir in Liebe mit allen Menschen teilen.
> Bitte gebt sie all denen, die sie benötigen, in der Weisheit des Schöpfers.

Dies erlaubt es der geistigen Führung, die Kraft der Liebe als Unterstützung anderen Menschen weiterzugeben. Die Übermittlung schwingt in Harmonie mit dem Höchsten und kann viel Gutes bewirken. Durch das Übergeben an die höhere Ordnung können wir sicher sein, dass wir weder zu viel noch zu wenig abgeben.

Wir leben in einer Welt des freien Willens. Liebe verströmt sich immer. Sie ist die einzige Kraft, die sich vermehrt, wenn man sie verschenkt. Doch dieses bewusst gesprochene Gebet erlaubt es der Geistigen Welt, aktiver die positive Kraft der Freude zu vermitteln. Es kann auch an die Menschen weitergegeben werden, die sich in Not oder Lieblosigkeit befinden.

# Intuition

Intuition wird ganz unterschiedlich erlebt und kann sich im Menschen auf verschiedene Weise ausdrücken. Grundsätzlich wird sie immer als eine Weisung, Botschaft oder Hinweis aus einer höheren Wahrnehmungsebene definiert. Die Alltags-Persönlichkeit wird über ihre inneren Wahrnehmungen auf bestimmte Dinge, Begebenheiten oder Informationen hingewiesen.

Intuition kann über die Herzensebene als Wahrheit der eigenen höheren Seelenteile erfasst werden, als innerer Impuls der uns begleitenden Wesen oder auch als Botschaft aus der Geistigen Welt. Im Grunde ist der Ursprung gar nicht so wichtig, man sollte nur die Botschaft verstehen.

Für ein liebevolles geistiges Wesen ist es meist unerheblich, ob es namentlich genannt wird. Im Gegenteil, die meisten wollen sich in keiner Weise von den anderen durch irgendwelche Hervorhebung herausstellen. Sie weisen eine bestimmte Schwingungsfrequenz und Ausstrahlung auf, welche ihr Wesen ausmacht. Daran können wir sie erkennen.

Unsere geistige Führung steht uns immer und zu jeder Zeit mit großer Liebe zur Seite. In der bevorstehenden Wandlungsphase können wir viele Wesen an unserer Seite spüren. Unsere ganz persönlichen

Schutzengel, die uns das ganze Leben begleiten, oder auch Wesen zur Stärkung oder Erkenntnisschulung in dieser Übergangsphase. Mitunter gibt es auch einen Wechsel, wenn bestimmte Phasen abgeschlossen sind. Die Bezeichnungen sind ganz unterschiedlich, sie reichen von geistigem Team, über geistige Führung, Schutzengel bis zu höchster Seele. Das darf jeder für sich herausfinden.

Das *geistige Team* ist eine sehr schöne Bezeichnung. Kann man doch daraus schlussfolgern, dass man als Mensch, eingebunden in eine Gemeinschaft, dem großen Ziel eines liebevollen Miteinanders entgegen strebt. Manche unserer Helfer schwingen bereits in sehr lichtvollen Ebenen; sie unterstützen die wichtigen geistigen Errungenschaften mit der Liebe des Herzens. Andere haben vielleicht selbst erst vor Kurzem den Inkarnationszyklus abgeschlossen. Die einen unterstützen mehr die weltlichen Situationen, andere die geistigen Prozesse des Menschen. Mit großer Liebe stehen sie an unserer Seite und sind stets um unser Wohl und unser Weiterkommen bemüht.

Sind wir uns der Anwesenheit dieser liebevollen Wesen bewusst und freuen uns darüber, erreicht diese Wertschätzung sofort ihren Schwingungsbereich. Je mehr wir täglich an sie denken, umso inniger wird die Verbindung. Dankbarkeit ist der Schlüssel zur Wahrnehmung unseres Teams, in großem Respekt für ihre Hilfe und Anwesenheit.

Sobald ein Mensch eine gewisse Reife erreicht hat, wird er sich weder über seine geistige Führung stellen noch darunter. Er fühlt, dass die Liebe alle eint. Das Ziel, die jetzige Persönlichkeit zu verbessern und eventuelle alte Untugenden in die Liebe zu bringen, ändert nichts an der Wertschätzung der Geistigen Welt. Im Gegenteil, viele Lichtwesen sind sich der Schwere bewusst, welche die Abwesenheit von Liebe darstellt.

Eine deutlich spürbare Intuition ist das Ziel vieler Menschen. Neben den Hinweisen unserer geistigen Führung ist vor allem die Arbeit an uns selbst notwendig. Der erste Schritt ist die Verstärkung von Aufmerksamkeit und Gewahrsein. Aufmerksamkeit baut die dünnen Gässchen zur Intuition als Schnellstraße aus, und das Gewahrsein schult die Wahrnehmung. Aufmerksamkeit leitet unsere eigene Energie in die Wahrnehmung und erlaubt es auch unserem Team, die Zugänge weiter auszubauen.

Ein wichtiger Bereich, der alle Ebenen erfasst, zeigt sich jedoch immer in der eigenen Persönlichkeitsschulung. Die Erkenntnisse des Egos dienen dem Abbau von Bedürftigkeit, Fehlprägungen und alten Mustern. Das Wollen erübrigt sich, und aller Druck zur Erlangung bestimmter Ziele löst sich auf. Die Fülle von Vertrauen und Liebe setzt ein und befreit das persönliche Energiefeld von Blockaden.

Das Ablösen alter Ego-Programme befreit und reinigt die Persönlichkeit. Die Verbindungswege in die höheren Wahrnehmungen werden ausgebaut.

Dann gilt es jeglichen ankommenden Impuls sofort (so gut wie möglich) umzusetzen. Am Anfang kann es durchaus vorkommen, dass uns Reste alter Prägungen in die falsche Richtung weisen, doch genau dieses Vorgehen reinigt sie gleichzeitig. Durch das Erleben werden sie gelöscht. Wir dürfen versichert sein, dass nicht nur wir von unserer Seite aus die Nähe zur geistigen Führung wünschen, auch das geistige Team gibt alles für eine gute Verbindung. Liebe und Dankbarkeit sind die Wegbereiter für eine gute Intuition.

Es kann vorkommen, dass wir plötzlich beim Verlassen des Hauses den Impuls verspüren, eine wärmere Jacke mitzunehmen. Unser Verstand bewertet den Hinweis als unsinnig, denn gutes Wetter sei angesagt – und wir lassen die Jacke am Bügel. Am Abend werden wir unerwartet zum Essen in den Biergarten eingeladen. Es wird später als erwartet, und wir frieren, da uns die Jacke fehlt.

Haben wir jedoch den Impuls umgesetzt und im Vertrauen einfach die Jacke mitgenommen, sind nicht nur wir selbst am Abend glücklich. Auch unser Team ist dankbar und froh, wenn wir zugehört haben. So werden die Straßen der Intuition verbreitert und ausgebaut. Auch hier gilt es, aufmerksam zu sein. Es erscheint zuerst der intuitive Impuls, dann setzt das Verstandesdenken ein. Der Verstand kann nur seinen begrenzten Bereich erfassen, weder höheres Wissen noch künftige Gegebenheiten. Der Verstand ist sehr wichtig für uns, jedoch nicht als Führer, sondern als Begleiter.

Innere Impulse, Intuition oder geistige Führung äußern sich unterschiedlich. Man steht vor dem gesuchten Produkt und möchte dennoch nicht danach greifen. Man möchte einen Urlaub buchen, verspürt aber Ablehnung beim Bestätigen.

Halten wir bei allen Fragen und Belangen kurz inne und beobachten den gefühlsmäßigen Impuls. Ruhe und Frieden im Gefühlshaushalt mit klaren positiven Impulsen sind das Ergebnis dieser Bemühung. Mitunter muss diese Wahrnehmung erst ausgebaut werden, doch stetes Üben führt zum Ergebnis.

Bei größeren Entscheidungen lässt die Antwort mitunter auf sich warten. Vermutlich werden energetische Hintergründe geordnet oder Menschen, die daran beteiligt sind, müssen noch ihre Entscheidungen treffen. Vertrauen ist angesagt und das Wissen, dass die Geistige Welt nicht grundlos die notwendige Zeit einfordert.

Momente der Ruhe und des Friedens sind sehr wichtig. In ihnen erfolgt die Einstufung geistiger Hintergründe. In Zeiten der Besinnung können wir uns eine feinere und ruhigere Schwingung erarbeiten. Impulse aus den geistigen Ebenen und aus dem Inneren sind fein und sachte. Sie drängen sich niemals auf oder fordern etwas ein.

Wieder sind wir bei der Erkenntnis, dass Ruhe im Inneren und Äußeren einen wichtigen Aspekt auf dem spirituellen Weg darstellt. Je öfter wir Momente des Friedens genießen können umso besser; nicht nur für das persönliche Weiterkommen, auch in der Befriedung des Umfeldes. Jeder friedliche Mensch verströmt auf der Energieebene kräftige Impulse für die Seelen der Menschen. Das ist sehr heilsam und wichtig in der Hektik dieser Zeit.

# Die Technik

In diesem Abschnitt werden weder der Nutzen technischer Möglichkeiten infrage gestellt noch ihre Vorteile beiseite geschoben. Technische Geräte können auf vielfältige Weise das Leben erleichtern. Wir betrachten hier vorrangig die Auswirkungen technischer Eingriffe, wenn sie die menschlichen Qualitäten verdrängen oder übernehmen.

Die modernen Telekommunikationsmöglichkeiten haben ihre Vorteile, können jedoch auch zu suchtartigem Gebrauch verleiten. Wenn sie das menschliche Miteinander beeinträchtigen, ist Vorsicht angesagt.

Jedem aufmerksamen Mitbürger ist inzwischen aufgefallen, dass der menschliche Austausch immer mehr vom Blick auf das Tablet oder Handy ersetzt wird. Kommunikation findet mit Blick auf das Smartphone oder Tablet statt, anstatt im Gespräch oder in direkter Zuwendung. Das scheint in Maßen kein Problem, doch die Auswüchse sind problematisch.

Die menschliche Seele lernt im Dialog mit ihren Mitmenschen. Sie tauscht auf energetischer Ebene Informationen aus, die in der Aura erkannt und gesammelt werden. Mitunter werden Erfahrungswerte auch vom Unterbewusstsein und vom energetischen System aufgenommen, gespeichert und zur rechten Zeit zur Erkenntnis gebracht. Ohne den Austausch mit anderen Menschen, ohne die Seelenberührung des Gegenübers tritt eine energetische Verarmung ein. Dies kann man in besonderem Maße bereits an unseren Kindern erkennen.

Jede Seele sucht in ihrer Tiefe nach Vollkommenheit. Jedes Kind möchte lernen und orientiert sich an seiner Umgebung. Wird Freizeit, Information und Gesellschaftsbedürfnis im Übermaß auf Handy, Tablet oder Computer verlagert, wird die Gott-Suche sozusagen auf die Maschine gelenkt. Die Kinderseelen reifen nicht aus, und die Erwachsenen bleiben stecken, da ihnen das Tablet keinen inneren Fortschritt bietet.

Alte Belastungen können nur von einem menschlichen Gegenüber aktiviert oder durch die Resonanz-Gesetze zur Auflösung gebracht werden. Ein produktiver Austausch mit dem Seelensystem anderer Menschen kann immer Botschaften und Hinweise für den Entwicklungsweg enthalten. Bleiben sie aus, werden wir auf unserem Weg blockiert und behindert.

Bei einem Übermaß an technischer Kommunikation verarmt der Mensch innerlich. Er erhält keine höheren Impulse mehr. Auch von negativen Menschen kann man lernen, indem man die eigene emotionale Reaktion wahrnimmt und bearbeitet. Wenn keine Anregung mehr erfolgt, wird dieser Lernweg blockiert. Kreuzt ein liebevoller und spirituell weit entwickelter Mensch unsere Wege, werden wir auf der Seelenebene inspiriert. Manche Botschaften werden für weitere Entwicklungen in der Aura gespeichert, wie eine SMS, die beim Einschalten in das System dringen kann. Bleiben diese Kontakte aus, erhalten wir keinen inspirativen Zugang mehr. Auch innerhalb der Familien wird ein Gespräch über zwischenmenschliche Themen, über Gefühle oder höhere Werte vom Blick auf Glas und Metall ersetzt.

Der Mensch verliert die Kraft der Unterscheidung, wenn er keine seelischen Impulse mehr erhält. Er wird zum Befehlsempfänger, anstatt seine individuellen Fähigkeiten zu stärken. Es wird nicht mehr an den Tugenden gearbeitet oder im eigenen Inneren nach der Wahrheit gesucht. Wir können die Harmonie mit dem Schöpferstrom nicht mehr empfinden, da aller Fokus und sämtliche Aufmerksamkeit auf die Vorgaben der „Cloud" gerichtet sind.

Bei Internet-Freundschaften ohne einen persönlichen Kontakt kann man nie sicher sein, ob nicht Lug und Trug beim Gegenüber vorherrschen. Man verliert die menschliche Beobachtungsgabe. Kein seelischer Austausch erfolgt, und es kann keine innere Weisung über das Gefühl wahrgenommen oder erlernt werden.

Die persönlichen Bedürfnisse nach Zuwendung, nach menschlicher Berührung, nach Angenommen-Sein und wirklichem Gespräch werden verschüttet und mit suchtartigen oberflächlichen Verschleierungen zugeschüttet.

Das Herz-Zentrum öffnet sich immer schwerer, und das Mitgefühl verarmt. Der Mensch verstummt durch SMS und E-Mail. Die Stimme ist Ausdruck der menschlichen Präsenz, sie fördert die Wahrnehmung und erlaubt uns, am Klang zu fühlen, ob sie uns angenehm ist oder nicht. Der Mensch kann über die Seele die Wahrheit im Gegenüber fühlen; verarmt aber die innere Entwicklung, werden auch diese Impulse unterdrückt.

Ein weiterer Aspekt zeigt sich im körperlichen Energiefluss der Wirbelsäule. Dieser wird durch ständiges Herunterblicken geschwächt und im ungünstigsten Fall blockiert. Das stört nicht nur das Hals-Energiezentrum, auch die höhere Energieversorgung kann beeinträchtigt werden. In medizinischen Foren lesen wir, dass eine vorgestreckte Kopfhaltung, die sich beim Hinunterblicken auf das Tablet, Smartphone oder den Computerbildschirm ergibt, zu chronischen Schmerzen führen kann. Es kann zu Taubheitsgefühlen in den Armen, flacher Atmung oder blockierten Nerven kommen. Jeder Zentimeter nach vorne ergibt 2,5 kg mehr Zug auf den Nacken. Unsere

Kinder sind davon besonders betroffen, wenn der Blick nach unten übertrieben wird.

Nichts gegen den technischen Fortschritt, wenn er positiv eingesetzt wird. Wir beleuchten hier das Zuviel. Menschliche Entwicklung sollte nicht von der Technik ersetzt oder gar übernommen werden.

Auf der feinstofflichen Ebene lässt sich leider noch eine weitere Problematik feststellen. Immer wieder werden Computer von Wesen aus den niederastralen Ebenen besetzt. Sie können zwar wieder entfernt werden, doch erfordert dies stets die Hinwendung an die Geistige Welt, ein Gebet oder die Liebe eines Menschen. Man spricht von Computerviren, doch kann man sie auch als feinstoffliche, aber sehr reale Viren betrachten.

Wird ein technisches Gerät nur von wenigen Menschen benutzt, beispielsweise ein Auto oder die Waschmaschine, kann sich ein sehr positiver Austausch von Gerät und Mensch ergeben. Manchmal rutschen sogar menschliche Seelenfasern in ein Auto, doch geschieht dies meist aus Freude. Diese auszugleichen, ist kein Problem. Ist das Gerät allerdings an das Internet angeschlossen, kann es zum einen für Werbung und Kontrolle manipuliert oder im ungünstigsten Fall besetzt werden.

Die nächste Besetzung erfolgt über die Künstliche Intelligenz (KI). Je ausgeprägter der Roboter, je mehr künstliche neuronale Netze, je größer das Datenvolumen, umso leichter kann er von einem fremden Wesen besetzt werden. Es existieren Wesen, die sich ohne die „Last" einer menschlichen Seele auf dieser Erde ausbreiten möchten. Ein seelenloser Roboter hätte auch keine Scheu, Unliebsames aus dem Weg zu räumen. Die ist eine sehr reale Gefahr, und sie sollte gut beobachtet werden.

Wenn man im Alltag viel mit Computern arbeitet, zu Hause gerne im Netz surft oder technische Geräte benutzt, kann man bereits mit einer liebevollen Betrachtung, einem Gebet oder auch mit Quarzen viele negative Schwingungen auflösen. Mit einem Gebet und der Bitte an unsere geistige Führung kann auch der Körper vor Zugriffen auf der „Frequenzebene" bewahrt werden. Es ist stets das Bewusstsein und die Liebe, welche die Schwingungen lenken. Sind wir uns der elektromagnetischen Spannung bewusst, können wir diese sogar mit einer Berührung der Hand, erfüllt mit Dankbarkeit für das Gerät und Liebe für die Schöpfung, entspannen und auflösen. Die Liebe ist die höchste Kraft. Sitzen wir bei der Arbeit stundenlang vor einem Computer, sollte immer wieder eine Pause eingelegt werden, um das persönliche System erneut mit höherer Energie aufzuladen. Den Computer kurz auszuschalten, ist auch sehr hilfreich. Einige Atemzüge an der frischen Luft trennen die energetischen Bande zwischen dem Körper und dem Gerät. Diese ergeben sich unweigerlich, wenn die Aufmerksamkeit eine gewisse Zeit darauf gerichtet wird.

Wir sind frei. Wir sind nichts und niemandem ausgeliefert. Wir sind die Schöpfer. Was in der höheren Ordnung schwingt, kann von keinem fremden Wesen übernommen werden.

# Alte Feindbilder auflösen

Wenn wir in die historische Vergangenheit blicken, wird deutlich, dass die Menschen immer wieder von der herrschenden Elite oder den Religionsführern mit Feindbildern programmiert wurden. Die Nachbarn im Feindesland: Die Römer gegen die Briten, die Christen gegen die Muslime. In welchem Land man auch lebte, wurden immer andersgläubige Menschen oder Nachbarvölker als Feinde dargestellt. Ist der Nachbar im aktuellen Jahrhundert der Feind, kann er im nächsten der Freund sein. Selten hat der Mensch die Entscheidung, ob Feind oder nicht, aus eigener Erkenntnis gewonnen. In den meisten Fällen wurde er religiös motiviert oder in der sozialen Struktur erzogen und geprägt.

In der jetzigen Ablösungsarbeit und Hinwendung an die vollkommene Liebe sollten jegliche alte Feindbilder aufgelöst werden. Mitunter werden wir vom Umfeld immer noch dazu angehalten, unsere Mitmenschen als Feinde zu betrachten. Dies gilt es zu erkennen und Abstand zu wahren.

Der beste Lehrer ist auch hier das tägliche Geschehen. Innerhalb der Wahrnehmung unserer eigenen emotionalen Reaktionen können wir genau erkennen, wo wir in uns selbst noch negative Strukturen oder Feindbilder aufbewahren. Die Geistige Welt wird uns hierfür die geeigneten Menschen zur Seite oder gegenüber stellen.

Innerhalb dieser Aufarbeitung dürfen wir uns einen wichtigen Umstand stets vor Augen halten. Egal, welche Missetat ausgeführt oder welches Verbrechen begangen wurde, es sollte immer nur die Tat als solche beurteilt werden. Verallgemeinerungen oder vorgeprägte Schuldzuweisungen an eine bestimmte Gruppe sollten abgelegt werden. Weder die Hautfarbe, noch der Glaube, noch die Herkunft sollte als Basis für ein Urteil dienen.

Nicht selten fördern Stress und Überforderung schnelles Bewerten und Beurteilen. Tiefer Hader aus einem früheren Leben ist mitunter die Basis nicht aufgelöster Feindbilder. Mit jedem Denken und Fühlen werden die alten Felder erneuert und aufgeladen. Die Bilder werden in der Aura sozusagen durch unsere eigene Kraft belebt. Der Weg der Freiheit erfordert die Auflösung dieser alten Prägungen.

Zeiten des stillen Betrachtens und einer inneren Schau ermöglichen die Bewusstwerdung. Die Liebe schenkt die Kraft, und das Sehnen nach den höheren Werten erlaubt die Auflösung.

Richtet sich eine Anfeindung gegen uns selbst, müssen nicht immer alte Feindbilder dahinter stecken oder eine karmische Aufarbeitung. Sobald man in der eigenen Wahrnehmung keine Emotionen wie Zorn oder Widerwillen wahrnimmt, sondern Bedauern oder Traurigkeit, kann man davon ausgehen, dass die Situation gar nichts mit einem selbst zu tun hat. Das Spiegelgesetz kann in umgedrehter Form wirksam sein. Das bedeutet, dass das Gegenüber in der Tiefe der Seele spürt, dass ihm jemand gegenüber steht, der intensiv an der Liebesqualität und den Tugenden der Seele arbeitet. Jemand, der aus der Tiefe seines Herzens den Weg der Liebe geht. Diese Erkenntnis kann eine Erschütterung verursachen und den Menschen intensiv daran erinnern, dass er eigentlich den gleichen Weg gehen sollte, es aber aufgrund seines Egos oder auch fremder Beeinflussungen nicht tut. Dieses Gefühl ist so unangenehm, dass mitunter mit Kampf, Angriff und Zorn reagiert wird. In solch einem Fall wurde man als Botschafter für die Liebe eingesetzt. Das Gegenüber kann diesen Umstand nutzen oder sich dagegen wehren, es bleibt ganz ihm überlassen.

Die Lösung von Konflikten geht immer über die Liebe. Liebe, gemeinsam mit tiefer Erkenntnis, bringt die alten Aspekte zur Auflösung an die Oberfläche.

Oft hört man Worte wie: „Schicke ihm/ihr Liebe!" oder: „Sende ihr/ihm Licht!" Doch aus der eigenen Persönlichkeit heraus sollte dies nicht getan werden. Solange man noch nicht vollständig mit der eigenen Auflösung fertig ist, wird durch das Senden immer noch ein Teil der Belastung mitgeliefert. Auch steht es niemandem zu, ohne die Einwilligung eines anderen Menschen, diesem irgendwelche Energien zu senden. Licht ist nicht gleich Liebe. Auch wenn man es gut meint, sollte man nicht aus der eigenen Persönlichkeit heraus invasiv in das Energiefeld eines anderen Menschen einwirken. Das könnte mitunter erneut eine karmische Bindung verursachen.

Viel besser ist es, die Liebe, Verständnis und das Vergeben (soweit man dies menschlich kann) im Inneren zu fühlen; sich mit den eigenen Emotionen zu beschäftigen und die Lernaufgabe zu begreifen, welche die Situation bietet. Diese Erkenntnis geht als Reaktion automatisch in den jeweiligen Energiespeicher, und das Gegenüber kann davon profitieren, wenn es möchte.

Selbstverständlich können die geistige Führung oder unsere geistigen Begleiter gebeten werden, dem Menschen, mit dem ein Problem besteht, Kraft und Liebe zufließen zu lassen. Diese wissen aus der höheren Quelle genau, wie, wann und wie intensiv die helfenden und heilenden Energien fließen können. Sie befinden sich in Harmonie mit dem Schöpferstrom, und es wird immer genau das geschehen, was richtig und wichtig ist. Deshalb sollte es keine eigenmächtigen Vorgehensweisen auf der Energieebene geben, da man als inkarnierte Persönlichkeit selten den gesamten Überblick über ein Geschehen erfasst.

Zum Auflösen alter Feindbilder darf auch die Betrachtung außer- oder innerirdischen Lebens zählen. Keiner ist im Vorfeld besser oder schlechter, nur weil er von einem anderen Planeten stammt. Jemand sagte einmal, dass ein Mensch in allen Ländern ein Ausländer sei, außer im eigenen. Wie viele Länder gibt es auf der Erde? Wie viele Planeten gibt es? Als Seele können wir ebenfalls auf verschiedenen Planeten inkarnieren. Sind wir dort auch Ausländer? Wer hat das zu entscheiden?

Auch hier sollte immer die Liebe als Anhaltspunkt dienen, niemals die Frage, woher jemand kommt oder wie er aussieht. Einem liebevollen Menschen wird sich diese Frage in der Zukunft nicht mehr stellen. Er liebt alles Leben und weiß um die Hintergründe.

# Ahnenstrukturen

Wenn wir die irdische Geschichte betrachten mit all den Kriegen und dunklen Epochen, können wir erahnen, dass die Menschen in allen Jahrhunderten schwere Zeiten erlebten. Auch in der eigenen Ahnenkette können sich noch Reste von Hungersnöten, Kriegserlebnissen oder sonstigen Restlasten befinden. Auf der Emotional-Ebene können sich tiefe Kerben oder fordernde Wesenheiten befinden, Machtstrukturen, Neid oder Missgunst.

Diese Altlasten sind nicht selten so stark geworden, dass sie mit einem Ego aus abgespaltenen Seelenfasern der Ahnen bestückt sind; oder Energiewaben wollen sich von Generation zu Generation weiter nähren. Die Verbindung wird über das Blut hergestellt. Handelt es sich um eine sogenannte Untugend wie Eifersucht, Machtgier oder Völlerei, stecken mitunter auch fremde Waben dahinter, die sich an den Generationen laben möchten. Solche Waben glauben sich absolut im Recht und fordern unmissverständlich ihre Anteile ein.

Auch für diesen Aspekt können wir durch das Einströmen höherer Schwingung auf der Erde eine Veränderung erfahren.

Wir selbst sollten keine eigenwillige Abtrennung der Ahnenlasten einleiten, etwa durch Rituale oder Gedanken-Konstrukte. Vielleicht hat sich unsere Seele vorgenommen, einen Teil der Altlast für die Ahnen aufzulösen oder gar gebannte Seelenfasern innerhalb bestimmter Felder zu erlösen. Kappen wir eigenmächtig die Verbindungen, gehen wir gegen den eigenen Seelenplan vor. Eine Ablösung sollte immer von der geistigen Führung eingeleitet werden.

Sobald die Energie den Vorgaben und dem Wirken der Liebe entspricht, durchtrennen unsere geistigen Begleiter die Verbindungen. Der übrige Bereich, vom Feld bis zur eigenen Aura, muss stets vom Menschen selbst aufgelöst werden. Wurde eine solche Abtrennung eingeleitet, kann sich kurzzeitig ein Gefühl der Überforderung einstellen oder man wird emotional intensiv auf die Altlasten zurückgeworfen. All dies dient der endgültigen Befreiung und Loslösung. Die Energiekabel und Verbindungen werden gelöst, und man kann die restlichen Verdichtungen in Liebe erhellen.

Wir dürfen uns bewusst machen, dass wir nicht für alle Lasten der Familie zuständig sind. Es werden zwar ähnlich schwingende Familien für die Inkarnation ausgewählt, doch nicht immer sind alle Altlasten mit den persönlichen Seelenaufarbeitungen identisch. Wir dürfen der Geistigen Welt vertrauen und uns ohne Gegenwehr oder Druck dem Geschehen fügen.

Eine der größten Blockaden für die Befreiung der Seele ist das Wegschieben der emotionalen Altlasten. Man will sich schützen oder glaubt sich nicht kräftig genug. Wenn man sich bereits für vollständig durchlichtet und liebevoll hält oder gar überzeugt ist, dass man über derartige Aufarbeitungen bereits hinausgewachsen ist, kann die Bezeichnung *Großblockade* durchaus angebracht sein. Dann entscheidet das jeweilige Ego, dass Aufarbeitungen bereits durchgeführt worden sind. Eventuell wollen sogar fremde Anhaftungen sich vor der Enttarnung schützen, da sie genau wissen, dass die Bewusstwerdung und das liebevolle Annehmen und Aufarbeiten das Ende ihres Einflusses bedeutet.

Wegschieben bedeutet immer Härte und eine Barriere für die heilenden Kräfte. Das Wegschieben selbst verbraucht ständig Energie, die aufgefüllt werden muss.

Deshalb dürfen wir auch für die Aufarbeitungen der Ahnenkette, im vollen Vertrauen auf die geistige Führung und unsere höheren Seelenteile, innere Ruhe bewahren und die Prozesse annehmen. Sie geschehen aus Liebe und dienen der Befreiung unserer Seele.

Folgendes Gebet kann hilfreich sein:

> Höchste Schöpferkraft,
> vollkommene Liebe,
>
> von ganzem Herzen bitten wir um Beistand und Führung für die Aufarbeitungen und Ablösungen in der Ahnenkette.
>
> Bitte lasse alle Seelenfasern der Ahnen in die Ordnung des Höchsten zurückkehren. Die Liebe soll sie begleiten und auf ihrem weiteren Weg führen.
>
> Bitte löse alle fremden Anteile auf und befreie unsere Seele von allen Anhaftungen, die sich unerlaubt darin befinden.
>
> Wir bitten um Heilung der Seele und um Harmonisierung der Energieströme unseres Körpers.
>
> Bitte erfülle uns mit der Wahrheit deines Weges und befreie unsere Herzen.
>
> Sollten noch eigene Ego-Anteile verbunden sein, bitten wir um Erkenntnis und Führung. Wir sind bereit, unseren Beitrag zu leisten.
>
> Wir wissen, dass die Liebe des Höchsten stets bei uns ist. Sie leitet uns auf allen Wegen und führt uns in die Wahrheit des Herzens.
>
> In tiefer Liebe danken wir dafür.

Einige stille Minuten sollten dem Gebet folgen. Die energetische Arbeit der Geistigen Welt erfordert einen gewissen Zeitrahmen. Andacht und Dankbarkeit unterstützen diesen Prozess.

# Zeit der Besinnung

Wir haben bereits einige Male angesprochen, in welchem Umfang sich Stress und Hektik im Alltag ausbreiten. Wir werden mit immer mehr Vorschriften und Veränderungen auf Trab gehalten, damit unsere Aufmerksamkeit als Energie auf das System gelenkt wird. Wird der Mensch wütend, fördert das nur noch mehr den Energiestrom negativer Emotionen. Selbstverständlich geraten wir auch einmal in Wut oder Ärger und benötigen eine gewisse Zeit, um die Emotionen wieder zu beruhigen. Ein gerechter kurzer Zorn durch die Erkenntnis von Ungerechtigkeit oder Hinterhältigkeit wird schnell wieder abgebaut. Manchmal weckt das kurze Entsetzen oder die Bestürzung schlafende oder unbewusste Anteile im System, die in der Folge dem Menschen als weitere Kraft und erwachter Seelenbereich zur Verfügung stehen.

Durch das Wissen vom Endkampf der dunklen Seite um Energie und Seelenkraft wird vieles erklärbar und nachvollziehbar. Wenn wir unsere Emotionen auf die höheren Gefühle ausrichten, ernähren wir nicht mehr das alte System, sondern verstärken systematisch mit der Kraft des Herzens die neuen Strukturen eines liebevollen Miteinanders. Immer mehr Menschen wenden sich der Kraft des Herzens und der höchsten Liebe zu.

Wenn man sich weltlich einsetzen möchte, um alte Strukturen zu verändern, sollte dies nicht im Kampf geschehen. Sobald wir uns in den

Emotionen des Kampfes befinden, kann uns die lichtvolle Geistige Welt nicht führen oder inspirieren. Für die dunkle Seite mag manches Vorgehen als Kampf erscheinen, doch in Wahrheit ist es ausschließlich die Kraft der Liebe für die gerechte Sache. Liebe kann sehr konsequent und stark vorgehen, jedoch niemals mit Kampf reagieren. Sie steht für die höheren Werte, die Tugenden aus dem Frieden des Herzens.

In dieser End-Phase ist es sinnvoll, die Kraft für den eigenen geistigen Weg zu verstärken. Dies können wir durch das Gewahrsein im Alltag erreichen, über ein aufrechtes Miteinander und die Liebe im Herzen. Eine gute Unterstützung kann auch die morgendliche Stille sein oder das Überdenken des Tages am Abend, das Durchforsten der Emotionen und die Hingabe an die Geistige Welt. Die schriftliche Fixierung kann hier unterstützen. Die eigene Entscheidung ist gefragt.

Der Alltag liefert uns im Grunde alle Vorgaben und Botschaften, die wir für unseren Weg benötigen. Leider fehlt oft die Zeit, sich direkt nach einer Lernsituation zurückzuziehen und darüber nachzudenken. Das können wir in den Zeiten am Abend oder am Morgen nachholen.

Sobald wir unser System auf Ruhe stellen, werden sofort alle unverarbeiteten Gedanken an die Oberfläche drängen. Manchmal wird uns geraten, diese einfach beiseitezuschieben. Dies mag funktionieren, jedoch wird eine Aufarbeitung hierdurch nicht erreicht. Viel besser ist es, die alten Verdrängungen anzunehmen und auf höhere Werte auszurichten. Nur so reinigen wir das System und können wirklich unsere Aura klären. Über eine imaginäre Wiese zu hüpfen oder in einer erdachten Kapelle zu sitzen, kann den Geist und die Nervosität herunterfahren, aber aufgeräumt oder erhöht wird dadurch nichts. Wir wissen inzwischen, dass jegliches erschaffenes Astralgebilde wieder abgetragen werden muss. Wenn es tatsächlich beruhigt, kann man in diesen Entspannungswelten abschalten, jedoch stets bewusst um die astralen Gebilde und deren Verantwortung.

Wenn die alten Ablagerungen oder auch neue Impulse durchgearbeitet und geklärt sind, entsteht ganz automatisch Ruhe. Echte Ruhe, zu der sich die liebevollen und friedlichen Wesen der Geistigen Welt gerne gesellen. Viele der lichten Wesen um uns herum können die aufgebrachten Emotionen nicht ertragen. Sie flüchten regelrecht, wenn jemand in die dunklen Ströme von Zorn oder Hass verfällt. Auch Aufregung, Selbstgefälligkeit oder Überheblichkeit sind Schwingungen, die sie kaum aushalten. Es erscheint, als litten sie Schmerzen, wenn sie mit den harten Emotionen in Berührung kommen.

Menschen, welche viele solcher Emotionen produzieren und in die Welt hinaussenden, verunreinigen nicht nur ihre eigene Aura, sondern auch die Aura dieser Erde. Wenn sie dies sehen könnten, wäre ein Schock unausweichlich. Wenn diese Emotionen nicht von niederen Wesen aufgebraucht und als Nahrung verwendet würden, könnten wir uns im Schwingungsfeld des aufgebauten Systems nicht mehr bewegen. Alles ist wichtig und richtig, alles erfüllt seine Aufgabe. Es ist wichtig, dass wir die Anwesenheit des Dunklen und noch Lieblosen nicht verurteilen oder gar verdammen. Vielleicht waren wir selbst auch in einer früheren Inkarnation sehr lieblos und sind heute dankbar, dass wir nicht vom Planeten geworfen wurden.

Man kann sich die Zeiten einplanen, wie man möchte. Entweder Altes nach oben steigen lassen oder die Handlungen und Emotionen des Alltags bewusst betrachten.

Man kann sich beispielsweise fragen, ob man heute ehrlich war.

Dies ist eine wichtige Tugend, denn jede Lüge verbraucht immer Energie, um versteckt und verheimlicht zu werden. Auch werden die

Menschen immer hellfühlender und erkennen mitunter sehr schnell, dass etwas nicht stimmt. Manchmal lügt man, um sich selbst zu schützen oder einer unangenehmen Situation auszuweichen, doch tatsächlich gelingt dies nur kurze Zeit. Die neue einströmende Kraft der Liebe macht alles offenbar. Nichts kann mehr verborgen oder zugedeckt werden. Alles kommt ans „Licht". Oft stecken alte Schuld- oder Unterdrückungsmuster dahinter.

Man wagt vielleicht nicht, dem Freund zu sagen, dass man zur Feier heute Abend nicht kommen möchte, weil man einfach zu erschöpft ist. Dann konstruiert man Kopfschmerzen als Ausrede, anstatt einfach zu sagen, wie man sich fühlt.

In der Liebe der neuen Zeit wird der Freund vielleicht kurz traurig sein, aber dann das Wohl des anderen über das eigene Bedürfnis stellen. Das sollte immer unser aller Bestreben sein. In der alten Welt gab es Ego-Forderungen und Schuldzuweisungen, in der neuen Verständnis und Ehrlichkeit. Wir können immer selbst entscheiden, ob wir noch in der alten Energie leben wollen oder in der neuen, in der Liebe des Herzens und eines guten Miteinanders. Je mehr wir selbst in den neuen Schwingungen leben, umso mehr können wir es im Alltag umsetzen und unsere Mitmenschen daran teilhaben lassen.

Manchmal ist bedingungslose Ehrlichkeit nicht angebracht, da sie das Gegenüber verletzen würde. Auch in der Arbeit können nicht alle Hintergründe offenbart werden. Das muss jeder ganz für sich entscheiden. Würden wir beispielsweise unseren Mitmenschen an einem Kopfschmerztag mitteilen, dass wir sie heute alle blöd finden, wäre das sicherlich nicht im Sinne wahrer Ehrlichkeit. Das würde nur das Ego befriedigen oder Frust abladen.

Man kann sich fragen, ob man dankbar war: Gegenüber der Schöpfung oder auch den Menschen.

Dankbarkeit ist die Basis des Herz-Weges. Wahre Liebe lässt sich ohne Dankbarkeit nicht fühlen. Dankbarkeit fördert die Gesundheit, Lebensfreude und einen positiveren Umgang mit Problemen im Alltag. Sie fördert den liebevollen Kontakt zu den Mitmenschen und wirkt positiv auf alle Charakterzüge.

Es gab Versuche mit Menschen, welche sich in Dankbarkeit übten. Die Ergebnisse waren herausragend. Auch an Tagen, an denen man kaum Liebe in sich fühlt, kann uns die Dankbarkeit wieder in die richtige Wahrnehmung bringen.

Können wir nachgeben?

Die Emotion, gewinnen zu wollen, dient durchaus als Kraftbasis und Entfaltung träger Seelenanteile. Doch im weiteren Verlauf ist Wandlung angesagt. Anteile, welche noch in Hochmut oder Besitzgier schwingen, verbergen sich teilweise und werden erst durch die negativen Emotionen wahrnehmbar, die sich beim Verlieren zeigen. Nicht nur im Spiel mit Freunden oder in der Familie wirken die verdrängten Anteile, auch im Kampf am Arbeitsplatz, in der Schlange beim Bäcker oder auf der Straße können sich die alten Teile zeigen. Je klarer und feiner die Aura eines erwachten Menschen schwingt, umso härter wirken die Altlasten, wenn sie an die Oberfläche gelangen. Auch hier ist die Beobachtung der Emotionen der Weg zur Erkenntnis und Ausrichtung.

Können wir einem Mitmenschen zuhören oder wollen wir ihm gleich vermitteln, wie er sein Problem zu bewältigen hat?

Zuzuhören bedeutet, einen Menschen anzunehmen. Das Gegenüber fühlt, dass er nicht mehr alleine ist. Er wird akzeptiert, respektiert und mit seinen Nöten und Ängsten wahrgenommen. Bereits die Wertschätzung eines anderen Menschen leitet die Heilströme im Gegenüber ein. Sobald man gemeinsam ein Problem beleuchtet, öffnet sich das Energiefeld. Der Erzählende fühlt sich sicher, und energetische Verkrampfungen lösen sich. Besserwisserei verengt das Energiefeld, das Gegenüber muss sich vor energetischen Zugriffen schützen und wird sich nicht öffnen. Nur in der Entspannung kann ein Problem intuitiv aus einer höheren Warte betrachtet und gelöst werden. Das reine Zuhören und Gewahr-Sein hilft mit, die emotionalen Aspekte zu überwinden und eine liebevolle Schwingung zu entfalten. Das alles geschieht auf der Energieebene, selbst wenn der Zuhörer noch kein einziges Wort gesprochen hat. Ein Zuhörer muss nicht gleich die Lösung bieten. Jegliche Lösung und Entscheidung sollte immer von dem Menschen getroffen werden, dem ein Problem von seiner geistigen Führung aufgezeigt wurde. Die Entscheidung sollte über die Kraft des Herzens in Harmonie mit den liebevollen Qualitäten der Tugenden erlangt werden. Dafür ist er auf der Erde: Für die eigene Erkenntnis und Entscheidung. Niemand weiß für einen anderen Menschen bis in alle Fasern des Seins, welche Entscheidung wahrhaft die richtige ist. Das setzt natürlich voraus, dass der Erzählende sich seines eigenen Weges gewahr bleibt und nicht die Entscheidung auf andere abwälzen möchte.

### Sind wir Steinewerfer?

Wir haben das Problem der Verurteilung bezüglich des Energiestromes bereits beschrieben. Wir ertappen uns immer wieder dabei, dass wir vorschnell werten. Besonders in Zeiten, in denen es uns nicht gut geht, neigen wir zu vorschnellem Urteil. Es ist möglich, dass unser Erkenntnisfokus noch zu sehr auf das Negative geeicht ist. Eine liebevolle Betrachtung erhöht das Gegenüber, und wir können für eine gemeinsame Verbesserung arbeiten. Nicht durch Schönreden, sondern durch Erkenntnis der Wertigkeit negativer und liebloser Erfahrungen. Wir dürfen uns bewusst werden, dass jeder Mensch die Welt und seine Erlebnisse auf ganz eigene Art und Weise erfährt. Jeder Mensch hat das Recht, seine eigenen Entscheidungen zu treffen. Respektieren wir Andersdenkende, dann werden auch wir anerkannt. Durch Respekt und Annahme entziehen wir den alten Strukturen ihre Macht. Wir können alles zum Positiven verändern.

In den stillen Stunden erlangen wir die Kraft der Unterscheidung. Es sind immer Hinweise vorhanden, die unseren Seelenplan und den Sinn unseres Lebens offenbaren.

Der geistige Weg erfordert ein tiefes Sehnen nach der göttlichen Ordnung, ein inneres Streben nach der Liebe des Höchsten. Wir brauchen uns weder zu ängstigen noch unter Stress zu setzen. Wir werden geführt und geliebt von der Geistigen Welt. Wir können als Mensch wachsam sein und auf unseren Körper achten, uns sportlich bewegen, gesund ernähren und durch liebevolles Denken und Fühlen die Aura mit Licht und Frieden erfüllen.

Der tägliche Dank an die geistige Begleitung stärkt die Verbindung.

Worte wie:

Wir fühlen Güte, Dankbarkeit, Sanftmut und Liebe

berühren die höchsten Schwingungen. Sind diese Worte gesprochen, sollten einige Sekunden des Fühlens und der Andacht folgen. Jegliche Zeit der inneren Sammlung manifestiert göttliche Kraft. Auch wenn wir uns noch in menschlichen Aufarbeitungsprozessen befinden, können diese Worte die Energie der Liebe und Wahrhaftigkeit deutlich verstärken.

Wenn wir einen lieblosen Tag erfahren mussten oder von alten Strukturen gelebt wurden, können wir uns bewusst werden, dass ein neuer Tag folgen wird. Wir starten neu, und die Hilfe der Geistigen Welt sowie die göttliche Liebe sind uns gewiss.

Wir können uns bewusst werden, dass wir außerhalb des Egos gemeinsam einem großen Ziel entgegenschreiten. Je mehr wir an uns arbeiten, umso größer wird die Verbindung in die Wahrheit und in die Geistige Welt. Die göttliche Energie manifestiert sich, und wir nähern uns dem Weg in die liebevolle Heimat.

### Spielen wir noch Rollen?

Möchten wir durch angepasstes Verhalten unserer Umgebung gefallen? Dienen wir alten Strukturen? Im Geschäftsleben erscheint dies mitunter schwierig. Die Umsetzung kann nur von jedem Menschen selbst entschieden werden. Wenden wir uns jedoch lange Zeit von den Impulsen unserer Seele ab, kann sie uns mit härteren Maßnahmen auf den Weg katapultieren. Innere Freude und Wertschätzung können sich nur schwer entfalten, wenn man nicht wirklich lebt. Wir sollen uns hinterfragen und Freude in unser Leben bringen. Wir erwarten viel zu oft Gegendruck von unseren Mitmenschen, doch sobald sie es wirklich gut mit uns meinen, werden sie uns so akzeptieren, wie wir sind.

### Stimmt unser Handeln mit der Herzenswahrheit überein?

Das Nachfragen im eigenen System wird hier Weisheit bringen.

### Sind unsere Aussagen klar?

So oft hören wir beispielsweise: „Ehrlich gesagt, …..!“ War man zuvor unehrlich oder hat man gar gelogen? Wir können viele alte Prägungen in uns auflösen, wenn wir auf unsere Worte achten.

Achten wir die Entscheidungen anderer?
Nehmen wir auch unbekannte Menschen in Schutz, wenn über sie hergezogen wird?
Achten wir auf die Gefühle unseres Gegenübers?

Sicher kann jeder Einzelne von uns diese Liste weiter fortsetzen. Sie soll nur als Anregung dienen, als Impuls für die Betrachtung einiger Handlungen.

Jeder von uns wird von seiner geistigen Führung mit genau den Vorgaben versorgt, die er für seinen Erkenntnisweg benötigt. Beachten wir auch die Feinheiten im Umgang mit unseren Mitmenschen, können wir meist schneller auf unserem Weg voranschreiten. Das bleibt ganz uns selbst überlassen. Es geht um aktive Arbeit an den Tugenden gemeinsam mit dem Wirken der Geistigen Welt. Das ist eine wundervolle Basis auf dem spirituellen Weg.

# Das Bewusstsein schärfen

## Hinterfragen

Wenn wir unser Umfeld genauer analysieren, stellen wir fest, dass sehr viele Fragen nicht wirklich beantwortet werden. Manche Menschen balancieren sehr gekonnt mit Worten, die nur einen Teil einer Frage beantworten, jedoch nicht die Frage selbst; oder es wird mit einer Gegenfrage ausgewichen. Auch das Beantworten einer komplett anderen Frage als die gestellte gehört zur Ausweichtaktik.

Wir werden auch von öffentlichen Sendern nicht selten mit Theorien abgespeist, die weder bewiesen noch bestätigt sind. Auch Vermutungen werden nach vielen Wiederholungen in den Köpfen zu Tatsachen. Innerhalb kürzester Zeit wird ein Schuldiger präsentiert oder die Ursache für ein Unglück aufgezeigt, ob es bewiesen ist oder nicht.

## Konkret sein

Sobald man unkonkrete Halbinformationen hinterfragt, bleibt es nicht aus, dass man auch die eigenen Aussagen überdenkt. Wenn wir eine Information über die Medien erhalten, sollten wir diese auch als solche deklarieren. Wurde uns etwas erzählt, sollten wir sagen: „Das habe ich gehört." Bei eigenen Empfindungen sollten auch diese ausgesprochen werden. Gibt man Informationen weiter, sollte immer darauf geachtet werden, woher sie kommen. In den wenigsten Fällen wurden sie von uns selbst recherchiert oder die Orte besucht, an denen sie stattfanden. Hält man sich an diese konkreten Aussagen, bleibt man von allen Anfeindungen, die sich darüber eventuell ereignen, verschont. Unser Gegenüber spürt die Ausdrucksstärke und Wahrheit hinter unseren Worten. Sollte eine erhaltene Information gar eine Lüge sein, muss man die Konsequenzen darüber nicht über das eigene Energiesystem abtragen.

### Aufmerksam sein

Je mehr wir unser eigenes Energiesystem klären, je mehr wir die Forderungen bedürftiger Ego-Anteile auflösen konnten, umso offener sind wir für unser Umfeld und die Wahrnehmungen im Alltag. Dann strömt die Energie nicht mittels der Vorgaben des Eigenwillens und seinem Streben nach Anerkennung, sondern wir haben genügend Kraft, um unsere Mitmenschen unmittelbar wahrzunehmen. Die Beobachtungsgabe kann gestärkt werden, wenn wir uns nach einer Situation selbst fragen, an was wir uns erinnern. Der Geruch, das Aussehen des Zimmers, die Kleidung anderer Menschen, Möbel oder Besonderheiten, jegliche Rückerinnerung schult das Gedächtnis und die Wahrnehmung.

### Blockieren uns noch Ängste? Erwarten wir stets das Negative?

Auch hier wird uns der Alltag die beste Schule sein. Sobald wir nachspüren, kann Erkenntnis erlangt werden. Auch Sorgen oder Ängste vor Zurückweisung gehören dazu. Ist man beispielsweise eifersüchtig, kann man davon ausgehen, dass alte Schmerzen das Innere durchziehen; oder man erwartet, dass man doch wieder enttäuscht wird. Alte schmerzliche Erfahrungen sind der Hintergrund dieser Warnungen. Sie verbrauchen stetig Energie. *Was man erwartet, trägt man noch in sich.*

Dies ist nur ein Angebot, ein kurzer Auszug von Möglichkeiten. Sobald wir unsere Aufmerksamkeit stärker auf die Schulung unserer Persönlichkeit lenken, wird unser geistiges Team mit großer Liebe und Hingabe unsere Schritte begleiten und lenken.

# Auflösungsblockade

Es kommt mitunter vor, dass wir eine Angst, einen Schuldkomplex oder eine ganz bestimmte Negativspirale mit dem Verstand sehr klar erkannt und analysiert haben, jedoch trotz vieler Bemühungen noch keine Änderung erreichen konnten. Mitunter ist eine Blockade zum Herzen vorhanden. In der letzten Zeit zeigt sich verstärkt eine ganz bestimmte Blockierung. Sie wurde von negativer Seite ganz bewusst in das feinstoffliche Energiefeld des Menschen gesetzt.

Wir wissen bereits, dass sich hinter Vorschriften und Zwängen in sehr vielen Fällen sogenannte Wächter zeigen. Diese sind uns manchmal sogar bewusst: „Wenn du mich noch einmal anlügst, soll dich der Teufel holen!" oder: „Wenn du nicht brav bist, kommt der schwarze Mann!" Viele Versprechen werden mit einer dahinter aufgeführten Drohung belegt, beispielsweise eine tödliche Krankheit, die dann einsetzt, wenn man das Versprechen nicht hält. Treueversprechen oder Gelübde sind in den meisten Fällen von Institutionen, Sekten oder Geheimgesellschaften mit einer Wächterinstanz verknüpft.

Auch wenn man sich dieser Wächter nicht bewusst ist, wirken sie im feinstofflichen Feld. Viele Menschen spüren solche Bedrohungen und wagen es aufgrund der aufkommenden Todesängste nicht, beispielsweise eine Sekte zu verlassen. Auch das Überwinden jahrhundertealter Pflichtprogramme oder Prägungen führt nach der Erkenntnis und dem Aufbruch in die Freiheit zu einem unangenehmen Gefühl der Angst und Bedrohung. Dann fühlt man sich furchtbar schlecht, obwohl man das Richtige tut. Natürlich sind auch Schuldprogramme vorhanden, doch in vielen Fällen sind die Wächterfunktionen die Ursache dieser schlechten Gefühle beim Verlassen des alten Systems. Auch hier wird sich das alte Zwang-Feld lösen, wenn wir mit Liebe und Dankbarkeit für die Erkenntnis weiter an der Befreiung arbeiten.

Eine weitere Behinderung der Auflösungen ist das eigene Sich-Wehren. Man mag sich vielleicht überfordert fühlen oder zu schwach, noch ein weiteres Problem anzugehen, doch würden wir die Aufgabe nicht erhalten, wenn wir nicht die Kraft dazu besäßen. Drücken wir die Auflösung zur Seite, haben wir uns vielleicht etwas Luft verschafft, aber die Energie, die wir für das Abschieben aufgewendet haben, muss ebenfalls wieder aufgelöst werden. Gehen wir lieber ins Vertrauen und sind uns gewiss, dass die Blockade genau jetzt betrachtet und aufgelöst werden soll.

Die Auflösungsblockade, wie sie in diesem Kapitel angesprochen wird, beinhaltet nochmals eine große Hinterlist. Es sind Energiekomplexe vorhanden und teilweise Wesen eingesetzt, welche jeden Schritt, den man im Zuge der Aufarbeitung und Loslösung einleitet, sofort wieder ins Negative ziehen. Manchmal werden sogar Persönlichkeitsanteile des Menschen programmiert, diese Aufgabe zu übernehmen. Man könnte dieses Vorgehen auch als Negativspirale oder Sabotage-Programm bezeichnen. Jede Energie, die eingesetzt wird, um eine Ablösung zu erreichen, wechselt die Spur und landet wieder als Aufladung im eigentlichen Problem. Ohne diese Spirale zu unterbrechen, kann schwerlich eine Auflösung des ursprünglichen Problems einsetzen. Körperlich wird diese Rückkoppelung sehr oft als Wanderschmerz wahrgenommen. Heute tut es da weh und morgen hier, was einer körperlichen Diagnose komplett im Wege steht.

Solch eine Rückkoppelung ist besonders effektiv, da die Energie der Hinterlist sehr hartnäckig schwingt. Somit wird das ursprüngliche Problem als Kraftzuwachs missbraucht und das Bemühen der Auflösung umgeleitet. Je stärker wir die Auflösung anstreben, umso intensiver erfolgt die erneute negative Aufladung.

Auch bei alten Anhaftungen, bei DNS-Klammern und schwarzmagischen Praktiken können wir zurzeit eine wunderbare Veränderung erleben. Die Einströmung von sehr liebevollen und lichtvollen Energien auf unsere Erde bringt die ganzen alten Verkrustungen an die Oberfläche. Alles wird zur Erkenntnis gebracht, unterbewusste Ablagerungen gelangen ins Bewusstsein, und wir haben die Möglichkeit zu Aufarbeitungen, wie sie vor einiger Zeit noch nicht gegeben waren. Hätten wir nicht die notwendige Kraft und Hilfe aus der Geistigen Welt, würden unsere höheren Seelenanteile nicht zulassen, dass diese alten Programme aktiv werden. Deshalb sind Vertrauen und Dankbarkeit die richtigen Gefühle für diese Arbeit.

Auch wenn ein solcher Umstand im persönlichen System nicht wahrgenommen wird, kann es sinnvoll sein, das folgende Gebet mit der Bitte an die geistige Führung zu sprechen.

> Von ganzem Herzen bitten wir die Geistige Führung und die Engel der Auflösung um Mithilfe bei dieser alten Manifestation.
>
> In Harmonie mit der Göttlichen Weisheit und den Ordnungskräften allen Seins bitten wir um Wandlung aller negativen Strukturen.
>
> Wir fühlen die vollkommene Schöpferkraft an unserer Seite und sind sehr dankbar für die Klärung unserer Seele und unserer Aura. Der Körper wird befreit von allen DNS-Klammern und negativen Zellerinnerungen.
>
> Bitte löst die alte Magie, befreit die Wesen von ihren Programmierungen und erlöst unsere eigenen Anteile von alten Manipulationen. Muss noch Verantwortung übernommen werden, sind wir gerne bereit, unseren Anteil daran zu leisten.

Wir bitten von ganzem Herzen um Ablösung und Befreiung. Bitte lasst die Wunden heilen und erfüllt unser Energiefeld mit der höchsten Liebe. Die Verdichtungen weichen, und unsere Schwingungen sortieren sich zur ursprünglichen Ordnung.

Wir danken mit der Liebe unseres Wesens und wissen, dass Ihr immer bei uns seid und uns behütet. Wir vertrauen auf die göttliche Führung und fühlen uns geborgen an eurer Seite.

Danke in Liebe.

# Energetische Aufarbeitung

Wir wissen, dass die Befreiung von Ego-Strukturen und das Erlangen des inneren Friedens nicht möglich werden, wenn man die alten Emotionen und Ablagerungen nicht aufarbeitet. Dazu gehören Mut und Bereitschaft sowie das Streben nach den höheren Werten. Es setzt das Bewusstsein voraus, dass das Ego wichtige Lernerfahrungen vollzogen hat und wir auf unserem Weg in die göttliche Heimat die letzten Verkrustungen und Ablagerungen auflösen möchten.

Die alten Emotionen wurden im Solarplexus-Zentrum erschaffen; und in enger Verbindung mit dem Herzen werden sie aufgelöst. Dazu müssen sie nochmals gefühlt werden. Man kann einen Stall auch nur dann ausmisten, wenn man mitten hineinsteigt mit der Mistgabel und sich an die Arbeit macht. Im Alltag vollzieht sich diese Rücknahme und Erkenntnis bis zu einem gewissen Entwicklungsstand meist durch ungute Situationen. Sie wiederholen sich, bis man den Inhalt begreifen konnte. Wenn schmerzliche Emotionen wahrgenommen werden, stehen sie immer im Zusammenhang mit negativen Erlebnissen oder eigenen Ausrichtungen. Liebe ist weder beleidigt noch reagiert sie mit Gegenangriff, sie schmollt nicht oder fühlt sich ungeliebt. Diese Reaktionen rühren immer von Anteilen des Egos.

Alles, was durch Emotionen erschaffen wurde (nicht Gefühl), befindet sich in einer Frequenz außerhalb der göttlichen Liebe und Versorgung. In der Tiefe möchte alles wieder nach Hause, in die göttliche Heimat. Dieses Bedürfnis wird nicht selten verschüttet gehalten. Bewusstsein erweckt diese Vorgänge und erlaubt die Rückkehr. Jegliches Betrachten, Erkennen und Wahrnehmen leitet die erste Erhellung der aus der Liebe gefallenen Struktur ein. Es wird von der Liebe berührt, und jeder Wunsch nach Auflösung verstärkt die Kraft, um das dunkle Geflecht zu durchlichten.

Deshalb steht über allem zuerst das Wahrnehmen und Annehmen; das Betrachten und Erkennen jeglichen Wirkens, von welcher Struktur auch immer. Dies leitet die Wandlung ein.

Man darf sich bewusst werden, dass jegliches Durchlichten im Wunsch nach Veränderung das Portal für die Liebe öffnet. Alles Dunkle muss abgeschmolzen werden. Die Wahrnehmung ist der erste Schritt. Rückfühlen und Hingabe der nächste. Die Liebe lässt im weiteren Verlauf alles Verdichtete schmelzen.

Das wahrhafte Abschmelzen alter Belastungen kann nur durch Betrachten und „Rück"-fühlen erlangt werden. Keine Datei kann ohne das entsprechende Passwort geöffnet werden. Die Emotion ist genau der Code, der hierfür benötigt wird. Die höhere Weisheit und Führung des Lebens hat sich etwas dabei gedacht, wenn unverarbeitete Alltagsprobleme immer wiederholt werden.

Wenn beispielsweise Existenzangst oder eine andere sich wiederholende Emotion innerhalb der Meditation beleuchtet wird, kann dies anfänglich noch sehr unangenehm werden. Jedes Berühren bringt die alten Energien in die Aufarbeitungszentren. Ein Teil der selbst produzierten Energie muss vom System aufgearbeitet werden. Sind Seelenfasern darin enthalten, ist die Rücknahme über den Solarplexus und das Herz unausweichlich. Nach weiterem Abarbeiten und Hineinfühlen wird nach anfänglichem Stress das Gefühl der Liebe überwiegen.

Der Moment des Hineinfühlens ohne eine Reaktion bereitet große Freude und Dankbarkeit. Dann wurde das alte Feld, die Verkrustung oder die Blockade vollständig abgeschmolzen und der negative Anteil erhöht. Das notwendige Rück-Erfühlen als Passwort in die alten Felder war erfolgreich. Wir erspüren die Freiheit und die Nähe der geistigen Helfer.

Wenn sich Lebenssituationen ereignen, deren Hintergrund wir nicht entschlüsseln können, kann die Zuwendung ebenfalls in einer solchen Meditation herbeigeführt werden. Man kann absichtslos abwarten, ob sich innerhalb der Wahrnehmung und dem Darüber-Nachdenken bestimmte Emotionen zeigen. Es können Hinweise von der geistigen Führung oder von der eigenen höheren Seele sein. Je öfters nachgefragt und darum gebeten wird, umso stärker wird die Kraft, die uns verbindet und auf die Aufarbeitungen hinführt.

Wichtig ist immer das tiefe Eintauchen in das ungute Gefühl und das gleichzeitige Fühlen der Liebe. Durch diese Bestrahlung löst die Liebe die Verkrustungen auf und führt die Bereiche in die Wahrheit der Seele und des Herzens.

Jegliche Emotion, jegliche unangenehme Situation sollte in die Wahrnehmung und liebevolle Betrachtung geleitet werden. Wird den Ego-Bereichen mit Liebe der Weg der Wahrheit erklärt, führt das Geschehen zur Befreiung.

Selbstverständlich unterstützt uns die Geistige Welt und nimmt uns mitunter bestimmte Energien ab, doch die Grundarbeit muss immer vom Menschen selbst geleistet werden. Kein Lichtengel greift in den freien Willen ein oder verhindert gar die Erkenntnisse, welche durch die Lebenssituationen erlangt werden müssen.

Man kann es sich zur Aufgabe machen, immer wieder eine gewisse Zeitspanne für das Eintauchen in die eigene Empfindungswelt zu arrangieren. Man lässt die angestauten Emotionen fließen. Viele sprechen zu Beginn einer Meditation von der *Affenherde der Gedanken*. Die ganze Affenherde sollte aufgelöst und in Harmonie gebracht werden. Die Affenherde kann nur vorhanden sein, wenn um den Kopf herum mentale Gebilde schwingen oder Emotionen über dem Herzen oder über dem Solarplexus wirken. Ansonsten herrscht Stille. Wir empfinden Frieden im Herzen und im Geist. Das ist das Ziel. Leere sozusagen, erfüllt mit höherer Weisung und Liebe.

Auch mit Ängsten besetzte Erfahrungen oder schamhafte Erinnerungen können auf diese Weise beleuchtet werden. Manche Menschen versuchen im mentalen Nachgang, die Darstellung ihrer Person innerhalb bereits vergangener unguter Lebenssituation zu verbessern. Hier sind die Erklärungen aus der höheren Erkenntnisebene des Menschen für die wirkenden Anteile äußerst sinnvoll.

Auch alte Verkrustungen, die uns im Alltag noch nicht aufgezeigt wurden, können der geistigen Führung übergeben werden. Jeglicher Stress sollte beleuchtet und gelöst sein. Die Meditation stellt eine ausgezeichnete Möglichkeit dar, um in Ruhe und Frieden die Ausrichtungen innerhalb der Ego-Anteile zu verändern.

Unverarbeitete Altlasten hindern den Menschen daran, seine höheren Tugenden zu leben. Sie repräsentieren niedere Aspekte und lassen die bislang erarbeiteten wertvollen Charakterzüge nicht in das Alltagsgeschehen einfließen.

Je freier eine Seele wird, je geklärter die Aura eines Menschen, umso intensiver strömt die Kraft der Liebe. Diese Liebe bedeutet nicht nur Heimkehr, sondern auch Schutz. Die ursprüngliche Kraft der Seele schützt den Menschen innerlich wie äußerlich vor negativen Energien. Nur in dieser Kraft liegt wahrer Schutz und wahrhaftige Heimkehr.

# Meditation und Hingabe

Man kann das Wort Meditation auch als *Zeit der Hingabe* oder *Zeit der Intuitionssuche* bezeichnen. Das Wort Meditation ist mitunter irreführend, da viele verschiedene Arten praktiziert werden. Wir bleiben jedoch erst einmal bei diesem Wort, da viele Menschen es mit einer Zeit der Ruhe und Hingabe verbinden.

Für die Meditation sollte sich das persönliche Energiesystem in Ruhe befinden. Man sollte sich wohl fühlen und offen sein für diese wunderbare Möglichkeit, die eigenen verborgenen Anteile zu berühren. Wir schwingen in der Liebe und im Schutz des Höchsten.

Gewahr zu werden, bedeutet auch anzuhalten, gefolgt von loslassen und empfangen in Harmonie mit der Schöpferkraft. Die nachstehende Meditation ist ein Vorschlag, sie kann individuell gestaltet werden.

## In Emotionen gebundene Teilbereiche der Seele erlösen

Setzen wir uns bequem hin. Man kann sich auch hinlegen. Der Oberkörper sollte nicht gebeugt sein.

Nun vergewissern wir uns, dass wir für eine gewisse Zeit nicht gestört werden.

Elektronische Geräte in der Nähe sollte man möglichst ausschalten.

Einige Male tief ein- und ausatmen fördert das Gewahrsein. Das bewusste Loslassen muskulärer Verspannung ist sehr hilfreich. Beginnen wir an den Füßen, über die Waden, Oberschenkel, Hüfte, Bauch- und Brustraum, über die Arme bis zum Genick und der Gesichts- und Kopfmuskulatur.

Wir fühlen das Vertrauen in die geistige Führung. Wir sind uns der schützenden und führenden Liebe bewusst.

Ist das Thema die Angst, erinnern wir uns an die Situation, in der sie konkret wirksam war.

Wir beginnen, tief in sie hineinzufühlen. Wir akzeptieren sie mit all ihren unangenehmen Facetten. Nur so wird sie wahrhaft beleuchtet und betrachtet. Das Fühlen der Emotion vermittelt den Zugangscode. Das Öffnen der emotionalen Last erlaubt die Beleuchtung des Inhalts.

Wir erleben die Emotion nun in all ihrer Deutlichkeit.

Als nächsten Schritt wechseln wir in das Gefühl der Liebe. Dies kann über Dankbarkeit, Hingabe oder Güte erreicht werden. Auch wenn die Liebe in diesem Moment nur schwach gefühlt werden kann, ist sie dennoch wirksam. Die Bitte darum, lässt die Liebe fließen.

Wir können nun die unguten Emotionen vermutlich über dem Magen und die Liebe über dem Herzen fühlen. Lassen wir die Liebe auf die Verdichtung aus alter Emotion strahlen. Wir vermitteln den ängstlichen Anteilen unsere Liebe und Fürsorge, nehmen sie als

gleichwertig und zugehörig vollständig an. Wir erlauben allen Emotionen, sich zu zeigen.
Einige Zeit in Achtsamkeit und Liebe öffnet uns für die Hilfe unserer geistigen Führung. Vielleicht steigen Bilder oder Informationen auf.

Am Anfang kann uns Widerstand vom ängstlichen Teil entgegenströmen. Dann sind wir aufgefordert, die Hintergründe liebevoll zu erklären. Folgen wir den Anweisungen unseres Herzens. Ein abgespaltener Seelenbereich bedarf mitunter einiger Erklärung und Zuwendung, damit er seinen Widerstand verlässt und in die Liebe gehen kann.

Lassen wir Liebe und Fürsorge zu den Emotionen strahlen, bis uns ein Gefühl der Ruhe erreicht. Die „Bestrahlung" kann für diesen Moment beendet werden.

Nach einigen tiefen Atemzügen können wir die Verarbeitung abschließen.

Der liebevolle Dank gilt unserer geistigen Führung.
Die Gewissheit, dass die Liebe des Höchsten an unserer Seite schwingt, erfüllt unser Innerstes.

## Bestrahlung

Wir können dieses Vorgehen auch für die reine Stille nutzen. Unser Wesen wird in dieser Zeit aus höherer Quelle bestrahlt.

Nach der Entspannung folgt die vollkommene Hingabe.

Wir bitten die Quelle reinen Seins um den Fluss der Liebe, damit sie uns mit Weisheit und Gnade erfüllt.

Wir öffnen unser ganzes Wesen und übergeben uns an die Vollkommenheit der Liebe.

Das Gefühl der Andacht und Hingabe ist die Basis der folgenden Stille.

Der Dank am Ende schließt den Energiefluss ab.

## Intuitionssuche

Diese Meditation kann auch für die Suche nach Antworten genutzt werden; entweder aus unseren eigenen höheren Seelenanteilen, aus der göttlichen Quelle selbst oder seitens unserer geistigen Führung.

Wir entspannen uns und atmen einige Male tief ein und aus.

Jeglicher Stress tritt zurück. Wir werden uns der Ruhe und des Friedens gewahr. Wir übergeben unser Sein den höchsten Ordnungskräften.

Wir sind vollkommen geborgen und wissen um den Schutz des Höchsten.

Fassen wir nun das Problem in Worte und bitten um die entsprechenden Botschaften.

Absichtslose Stille erfüllt unser Sein.

Wir bitten um Erkenntnis und Führung und lassen los.

Die Geistige Welt und unsere höheren Seelenanteile werden wissen, was für uns bereit steht.

Auch wenn Informationen unbewusst erfolgen, sind wir dennoch dankbar und fühlen die Liebe, die uns immer stärkt und erhöht.

Nach einer gewissen Zeit schließen wir durch das Gefühl der Ruhe und Zuversicht die Meditation ab.

Wir atmen einige Male tief ein und aus und bedanken uns von Herzen.

Auch ohne deutliche Botschaften wird durch die Hingabe stets die Verbindung mit den höheren Ebenen gestärkt. Wir werden mit Kraft erfüllt, und die Zugänge in die höheren Ebenen werden ausgebaut. Antworten können plötzlich als „Geistesblitz“ innerhalb des Alltags erscheinen.

Mit der Zeit erfüllen uns die Meditationen mit dem Gewahr-Sein der Liebe. Wie ein Vorausblick in eine Zukunft erleben wir eine innere Erfüllung, die sich immer mehr in den Alltag ausdehnt. Wir schwingen in Harmonie mit unseren Mitmenschen und der Welt.

# Schlussworte

Wir befinden uns in der Endphase einer Entwicklungsepoche. Durch Erkenntnis und Hinwendung an die Vollkommenheit können wir unsere Seelen erhöhen.

Wir sind Abbilder Gottes. Wir werden unendlich geliebt.

Erinnern wir uns täglich daran und lassen die Freude darüber fließen.

In der Schwingung von Demut und Liebe werden wir vor allem Ungemach geschützt.

Dankbarkeit erfüllt alle Ebenen unseres Wesens.

Die Geistige Welt steht uns kraftvoll zur Seite.

Mögen Weisheit, Mitgefühl, Demut und Liebe unseren Weg erhellen.

## Weiter Bücher und CDs von Manuela Oetinger

Die Aura – Die Energiefelder des Menschen
ISBN 978-3-89427-173-2

Karma und Freiheit
ISBN 978-3-89427-260-9

Beziehungen im Spiegel der Aura
ISBN 978-3-89427-282-1

Schutz- u. Heilungsgebete für Kinder
ISBN 978-3-89427-348-4

Leicht SEIN!
ISBN 978-3-89427-367-5

Die Aura – Das Tor zur Seele
ISBN 978-3-89427-546-4

Gedankenkräfte
ISBN 978-3-89427-595-2

Aura-Schutz im Alltag
ISBN 978-3-89427-613-3

Die Aura im täglichen Leben
ISBN 978-3-89427-628-7

Transformation und Zeitenwandel
ISBN 978-3-89427-679-9

Chakras
ISBN 978-3-89427-790-1

Aura-Schutz im Alltag CD
ISBN 978-3-89427-473-3

Transformation und Zeitenwandel CD
ISBN 978-3-89427-532-7